Kim O'Neill

# COMMENT COMMUNIQUER AVEC VOS ANGES GARDIENS

Editions Alain LABUSSIERE
B.P. 85 – 71700 Tournus

© Editions LABUSSIERE, 2011

Tous droits de reproduction, traduction ou adaptation
Réservés pour tous pays

Copyright © 1995 by Kim O'Neill.
Published by arrangement with Avon, an imprint of
HARPERCOLLINS PUBLISHERS.
All rights reserved.

Translation copyright © 2011 by Christine Schmitter for Editions Labussière.

N°ISBN 978-2-84988-119-4

# Remerciements

Je dois une reconnaissance éternelle à mes Anges Gardiens qui m'ont initiée de manière concrète à la communication avec les êtres angéliques. Je remercie tout particulièrement John Reid, qui m'a assisté à mes débuts et m'a accompagnée tout au long de mon voyage spirituel avec un dévouement et une patience infinie et qui m'a aidée à me libérer de mes peurs, de mes hésitations et de mes doutes personnels, tandis que je poursuivais l'objectif de ma vie : devenir un médium au service des autres.

J'ai la sensation d'avoir le privilège et l'honneur de pouvoir prendre la parole au nom de tous les êtres angéliques qui m'ont fait confiance, pour exprimer leurs profondes motivations et parfois leur sens de l'humour aux clients qui me consultaient pour des séances privées.

Mes clients sont pour moi une source d'inspiration quotidienne, tandis que j'assiste à leur combat courageux pour venir à bout de leurs difficultés *et à leur victoire finale qui leur permet de triompher d'un point de vue personnel, professionnel et spirituel. Je les remercie du fond du cœur pour leur enthousiasme et leur soutien indéfectible tout au long de l'écriture de ce livre.*

*Mon ami et collègue, Karon Glass m'a apporté une aide inestimable pour mener à bien ce projet, grâce à ses connaissances approfondies de la grammaire et de la ponctuation et à sa précision infaillible.*

*Tom Glass, un génie en informatique, m'est venu en aide à plusieurs reprises et m'a empêché de succomber au désespoir à chaque panne informatique. Je lui suis infiniment redevable.*

*Je remercie également Carrie Feron pour ses prouesses éditoriales et pour sa créativité qui m'a permis de clarifier mon travail.*

*Et pour finir, j'adresse tout mon amour et mon respect à ma mère qui m'a toujours entouré d'un amour inconditionnel, elle m'a toujours guidée et encouragée à croire que tout est possible.*

# RENCONTRE AVEC LES ANGES

# Chapitre 1

# Première rencontre avec mes Anges Gardiens

Aussi loin que je m'en souvienne, je conserve des souvenirs très vivaces de la présence de compagnons particuliers invisibles qui me parlaient, jouaient avec moi, me guidaient, me réconfortaient et me protégeaient. Pendant mon enfance, j'acceptais pleinement cette réalité et j'étais persuadée de leur existence.

Un jour, ma curiosité fut soudain piquée à vif et je voulus comprendre pourquoi ces compagnons si particuliers souhaitaient jouer avec un petit être aussi ordinaire que moi. Mes compagnons m'expliquèrent qu'ils étaient mes Anges Gardiens et qu'ils avaient été envoyés par le ciel pour me guider et pour veiller sur moi.

Je ne les voyais pas, mais je percevais toujours leur voix qui me murmurait doucement des choses. J'ai donc commencé à mettre au point une méthode destinée à entrer en communication avec eux afin de faciliter nos échanges, comme si nous communiquions par téléphone télépathique.

Dès mon plus jeune, je communiquais avec mes Anges gardiens. Par exemple, je formulais mentalement une question et quelques instants plus tard, ils me répondaient de manière claire et précise. Cela ne demandait aucun effort de ma part et j'assimilais cette pratique à un jeu. Je découvris qu'il ne me fallait pas beaucoup de temps pour développer pleinement cette communication avec mes Anges Gardiens et nous devînmes rapidement les meilleurs amis du monde.

Après avoir pris une certaine assurance dans la réception d'informations de mes Anges Gardiens, ils commencèrent à développer notre mode de communication en me faisant parvenir des messages psychiques sous forme de rêves pendant mon sommeil. Avant mes dix ans, je faisais des rêves prémonitoires qui me permettaient de prévoir les naissances, les décès, les résultats des sportifs professionnels, les catastrophes naturelles et aériennes, ainsi que des crimes violents tels que des enlèvements, des viols et des meurtres.

C'était à la fois fascinant et effrayant pour un enfant de faire des cauchemars aussi explicites et vivaces. Mes rêves étaient emplis de sons, de couleurs, d'odeurs et d'images claires de personnes, de choses et d'endroits ancrés dans des événements de l'actualité réelle. Pendant mon sommeil, j'étais comme reliée à un voyant de CNN.

Tous les jours, au saut du lit, j'avais hâte de lire les gros titres des journaux et leurs descriptions détaillées des événements que j'avais vécus au cours de mes rêves la nuit précédente. Les messages prémonitoires que je recevais s'avéraient de plus en plus exacts et précis, si bien que je finis par développer une certaine confiance en moi et un certain respect pour les informations transmises par mes Anges.

Je recevais régulièrement des informations psychiques détaillées et réelles, mais j'étais trop timide pour oser les partager avec quelqu'un. Depuis ma plus tendre enfance, j'entretenais une relation très particulière avec mes Anges et cela me semblait tout à fait naturel. Je pensais que tout le monde vivait la même chose que moi et recevait les mêmes informations prémonitoires que moi. Il ne m'était jamais venu à l'esprit que le fait de communiquer avec mes Anges pouvait être un phénomène exceptionnel.

Ils continuèrent à me parler jusqu'à mon onzième anniversaire. Puis, je ne reçus plus de messages de leur part, excepté lors d'un rêve prémonitoire.

Etonnamment, cela ne me manqua pas de ne plus recevoir ces informations intuitives. En l'absence de distractions psychiques, j'eus soudain tout le loisir de me consacrer à des centres d'intérêt « normaux » pour une jeune fille de mon âge, tels que la lecture, les habits, la musique, l'école et les garçons. Je dois admettre que j'en oubliai rapidement les contacts particuliers que j'avais établis jusqu'ici avec mes Anges.

Mon éveil spirituel ne se manifesta que plusieurs années plus tard. Mes Anges ne réapparurent qu'au début de mes trente ans, alors que ma vie était totalement chaotique.

D'un point de vue professionnel, j'étais directrice d'une petite agence de publicité à Houston et nous étions toujours au bord de la faillite. L'effondrement des prix du pétrole avait complètement dévasté l'économie du Texas.

J'étais plongée dans un naufrage émotionnel, soumise au stress permanent et à la pression de l'industrie publicitaire extrêmement compétitive. Je m'efforçais de trouver un équilibre financier, tout en me démenant pour pouvoir payer les salaires et en faisant preuve de créativité face aux défis que constituaient les exigences des clients qui se plaignaient de chacune des factures que je leur présentais.

L'intensité de mon travail au sein de cette agence et les exigences de rentabilité finirent par affecter ma santé physique. Oubliant mes bonnes habitudes alimentaires saines, j'avalais des plats tout préparés ou de restauration rapide attablée à mon bureau au cours de séances de « brainstorming » avec mes collègues.

Mon sommeil était agité et je ne cessais de me retourner dans mon lit, car j'étais totalement angoissée par l'équilibre de mon budget mensuel.

J'étais consciente que le stress m'affaiblissait de jour en jour, mais je n'avais pas la moindre idée de ce que je pourrais faire si je quittais l'industrie publicitaire. Je me sentais désespérément piégée comme un animal pris sous les feux des projecteurs.

Ma vie privée était également désastreuse. Je n'avais pas vraiment de vie sociale en dehors de l'agence, car les horaires prolongés rendaient impossible une quelconque sortie entre amis.

Mon partenaire dans l'agence de publicité était mon mari et nous nous disputions constamment en raison de divergences d'opinions professionnelles et d'engagements rompus. En tant que couple marié, nous ramenions le stress du bureau à la maison chaque soir, si bien qu'il était impossible de se détendre ou de se recharger.

J'avais l'impression d'avoir échoué sur toute la ligne, et il me fallait rassembler chaque jour toute mon énergie pour pouvoir mettre un pied devant l'autre et survivre au mieux au quotidien.

Soudain et sans prévenir, à l'époque la plus creuse de ma vie, je reçus à nouveau des messages prémonitoires de mes Anges. Mais cette fois, il ne s'agissait plus de doux murmures dans ma conscience, comme dans mon enfance. Ces informations explosèrent littéralement en moi.

Cela faisait si longtemps que je n'étais plus entrée en contact avec les Anges de mon enfance et je les avais presque totalement oubliés. La « redécouverte » de cette faculté intuitive étonnante engendra la plus extrême confusion en moi et s'ajouta au stress déjà existant.

Je « percevais » l'énergie psychique de toutes les personnes avec lesquelles j'entrais en contact. Les informations prémonitoires que je recevais de mes Anges me parvenaient de manière très claire.

La femme à côté de moi dans le rayon des « surgelés » du supermarché était en plein divorce suite à l'infidélité de son mari. L'homme qui travaillait au pressing souffrait d'une infection bactérienne grave et devait prendre un antibiotique. Le portier qui travaillait dans mon immeuble devait appeler sa sœur en Floride, parce qu'elle était sur le point de recevoir les résultats de ses tests lui confirmant qu'elle avait un cancer. Mon client qui dirigeait un centre de réhabilitation pour les drogués était sur le point d'être nommé président d'un centre plus important. Ma secrétaire allait rencontrer « l'homme de sa vie » et se marierait dans l'année. Ma coiffeuse qui était enceinte allait avoir une petite fille qui deviendrait un célèbre chirurgien du cœur.

J'étais soudain assiégée par une myriade de visions psychiques et j'étais incapable de les contrecarrer. Je détestais ce qui m'arrivait. Je ne parvenais plus à me concentrer uniquement sur mes propres pensées, sentiments ou désirs. Nombre de mes pensées étaient mises de côté comme si elles étaient insignifiantes ou de peu d'importance, afin de faire place aux flashs psychiques que je recevais d'autres personnes.

Un jour, j'eus un « flash » pour quelqu'un, il me revenait sans cesse à l'esprit et de plus en plus fort, comme un télégramme psychique que je devais délivrer. Mais je restais un messager très récalcitrant et je ne souhaitais pas vraiment transmettre les flashs psychiques qui m'étaient transmis.

Comment pouvais-je être certaine de l'exactitude des informations intuitives que je recevais ? Comment livrer un message psychique à quelqu'un sans être certaine que j'avais « saisi » correctement les informations ? Je commençai à me souvenir à quel point la petite fille que j'avais été avait eu jadis beaucoup d'intuition et avait reçu des informations très particulières et très précises. Mais à présent, la situation était totalement différente.

Je n'avais jamais transmis d'informations à d'autres personnes pendant mon enfance. Je ne risquais rien quand je vérifiais mes flashs en lisant tranquillement un journal. Mais que se passerait-il si je transmettais des informations totalement erronées à quelqu'un ? Et si les signaux que je recevais étaient perturbés, je pourrais effrayer quelqu'un inutilement ? Je risquais de donner de faux espoirs à quelqu'un pour quelque chose qui n'arriverait peut-être jamais ?

Je commençais à ressentir le poids de la responsabilité liée aux messages prémonitoires provoqués par mes Anges et je n'aimais pas du tout cela. Je n'avais absolument pas besoin de ce surplus de responsabilité. Auparavant, je recevais de nombreux messages prémonitoires et je les gardais pour moi, mais je commençai à prendre conscience que je recevais des informations intuitives en tant qu'adultes dans le but de les transmettre aux personnes auxquelles elles étaient destinées.

Quelle que soit l'intensité de l'information que je recevais, il n'était pas question pour moi de me ridiculiser en abordant une collègue de travail en lui déclarant, « Suzanne, je sais que tu es actuellement à la direction de la compagnie pétrolière XYZ, mais je dois te dire que l'année prochaine, tu vas déménager à Seattle et t'installer à ton compte en tant que consultante. Ou de dire *« Excuse-moi Joe, je sais que nous venons de nous rencontrer à la Chambre de commerce après un dîner d'affaires, mais sais-tu que tu vas épouser ta nouvelle secrétaire ? »* Ou même pire, je n'aurais jamais pu aborder un étranger en lui lançant *« Bonjour... vous ne me connaissez pas, et pourtant, j'ai le regret de vous annoncer que les résultats de vos tests seront négatifs... »*.

L'idée de transmettre des informations psychiques à d'autres personnes m'apparaissait totalement ridicule. Femme d'affaires sérieuse, je dirigeai mon entreprise et j'avais travaillé dur pendant des années afin d'asseoir ma réputation professionnelle et éthique dans la communauté d'affaires extrêmement conservatrice de Houston. Je ne comprenais absolument pas pourquoi tout cela m'arrivait, à moi, car j'étais une personne tout à fait normale.

Il n'était pas nécessaire d'être neurochirurgien pour se rendre compte que si je commençais à transmettre des informations psychiques à d'autres personnes, cela ruinerait ma carrière professionnelle. Toutes mes années de dur labeur seraient réduites à néant, et je deviendrais, à juste titre, la risée de tout le monde.

Je ne parvenais pas à me libérer de l'embarras que je ressentais à l'idée d'être qualifiée de médium. Les médiums n'étaient-ils pas des êtres incroyablement excentriques qui portaient d'amples tuniques, des bijoux de pacotille, un maquillage chargé et qui s'exprimaient dans un jargon métaphysique le plus souvent dans une vieille caravane avec des paumes de mains éclairées par des néons devant leur fenêtre. Je songeais également aux médiums décriés par les médias comme étant des escrocs s'attaquant à un public innocent dans le but de vendre des potions et d'autres choses étranges ? Est-ce que je souhaitais vraiment être liée à une telle industrie ?

Mais mon cerveau était assailli par des messages psychiques. Des mois durant et en dépit de mes refus réitérés, je ne cessai de recevoir ces messages. Je finis par me rendre à l'évidence, les Anges n'étaient pas prêts d'abandonner ou de me laisser en paix, car ils souhaitaient mon assentiment pour transmettre les informations qu'ils me délivreraient pour d'autres personnes. En désespoir de cause, je finis par admettre que je n'avais pas le choix.

Au cours d'un moment de faiblesse passager, alors que j'étais sujette à de sérieux doutes, je décidai de faire le grand saut. Après mûre réflexion, je choisis le portier de mon immeuble en tant que premier récepteur de mes « flashs », car le message était urgent et concernait la santé de sa sœur.

Ce soir-là, je rentrai chez moi après une journée de travail, le portier me salua avec un sourire amical. Heureusement que nous étions seuls dans le couloir. Mon cœur battait frénétiquement, mes mains étaient moites et ma bouche était sèche. J'esquissai un sourire en me dirigeant vers lui. Totalement crispée, je me penchai vers lui et lui murmurai nerveusement, *« Comment allez-vous ce soir, Frank »* ?

Le portier fronça les sourcils, l'air surpris.
*« Très bien, merci Madame O'Neill ! »*

Et si je me taisais, je savais que je ne le ferais plus jamais. *« Frank »*, lâchai-je subitement, *« Votre sœur en Floride ? Vous devez l'appeler immédiatement. Elle vient de recevoir les résultats de ses analyses après une biopsie, elle va être déprimée et entendre le son de votre voix lui apportera le plus grand réconfort... »*.

Frank était sidéré, il eut un mouvement de recul, mettant ainsi une distance plus confortable entre lui et moi.

Il me demanda avec méfiance, « *Comment savez-vous que j'ai une sœur en Floride ?* ».

Je ne savais pas quoi lui répondre. J'avais quelques réticences à lui avouer que j'avais reçu des informations de mes Anges gardiens.

J'insistai, « *Frank, appelez-la dès ce soir, d'accord ?* ».

Ses yeux étaient exorbités, il pâlit et resta silencieux. Il fit quelques pas en arrière, comme s'il craignait d'être contaminé.

« *Bon... bonsoir, Frank.* »
Frank se contenta d'acquiescer.

En me dirigeant vers l'ascenseur, je me jurai que c'était la dernière fois que je transmettais ce type de messages à quelqu'un. Je me sentais ridicule ! Je ne m'étais jamais trouvée dans un tel embarras.

Je venais de terroriser ce pauvre homme et maintenant, il allait m'éviter comme la peste. Puis, je pris conscience qu'il allait certainement dire à tout le monde dans l'immeuble que j'avais perdu la tête, et les autres colocataires m'éviteraient aussi ! Je n'avais pas pensé à cela !

Et si ce que je lui avais dit à propos de sa sœur était inexact ? L'avais-je inquiété inutilement ? Et d'après sa réaction, je pouvais deviner qu'il n'avait pas l'intention d'appeler sa sœur.

Cette nuit-là, je me couchai tôt, mais j'étais incapable de dormir. J'étais totalement humiliée. Comment avais-je pu être aussi impétueuse ? Je sentais que mes Anges étaient comblés de joie parce que j'avais transmis des informations psychiques, et je savais qu'ils allaient m'encourager sur cette voie. Mais je ne parvenais pas à me départir de l'image mentale de la stupéfaction de Frank.

Comment allai-je y survivre ? Je décidai que la seule chose qu'il me restait à faire était d'éviter de croiser Frank à l'avenir. J'espérais avec optimisme que s'il ne me voyait pas, il pourrait rayer cet incident plus facilement de sa mémoire.

Le matin suivant, je traversai rapidement le couloir, tête baissée et partiellement cachée derrière mon attaché-case.

J'entendis une voix familière prononcer mon nom. Je fis la grimace et me tournai sans enthousiasme, c'était Frank, le portier, qui contrairement à ses habitudes se trouvait dans le bâtiment à cette heure-ci. Il se précipita vers moi, très agité, son visage était rouge et ses yeux étaient encore plus exorbités que la veille.

*« Madame O'Neill ! Je vous attendais ! Vous aviez raison ! Vous aviez raison ! Sarah a un cancer ! »*

*« Sarah ? »* demandai-je stupidement.

*« Ma sœur ! De Floride ! Au début, je pensai que vous aviez perdu la tête... ne le prenez pas mal... mais quelque chose me disait d'écouter votre conseil et de l'appeler ! Elle venait de recevoir les résultats la veille ! C'est bien un cancer, mais les médecins lui ont précisé qu'il était enrayé et qu'elle s'en remettrait très*

*bien. Vous aviez raison ! Je n'y croyais pas ! Sans vous, je ne l'aurais jamais appelée... »*

J'étais sidérée. Je poussai un immense soupir de soulagement en apprenant que mes informations avaient été validées. Pendant que Frank continuait de me parler de sa sœur, j'entendis mes Anges dire, *« Tu vois ! Nous te livrons des informations utiles aux autres. Et ce n'est que le début. »*.

# Chapitre 2

# Nos compagnons, les Anges Gardiens

*« Je suis pleinement conscient que beaucoup de gens pensent qu'il est impossible de parler aux esprits et Aux anges tant que l'on habite un corps, et cela ne serait que le fruit d'une imagination débordante, pour d'autres. Pour certains, je ne fais cela que pour gagner en crédibilité et d'autres trouveront toujours matière à polémiquer. Mais rien ne me fera changer d'avis, car j'ai vu, j'ai entendu et j'ai senti. »*

**Emmanuel Swedenborg**

## Qui Sont les Anges ?

Les Anges sont les héros méconnus de l'univers. Ils sont l'incarnation de la dévotion désintéressée, de la patience infinie, de l'amour inconditionnel et de la détermination indéfectible.

Nous ne sommes pas toujours conscients de leur présence, mais nous avons l'immense privilège d'être enveloppés dans un cocon invisible de soutien, d'encouragement, d'amour et de protection des Anges tout au long de nos vies.

Toute vie existe sur deux plans fondamentaux. D'une part le plan physique dans lequel nous vivons dans un corps physique et d'autre part le plan spirituel que beaucoup qualifient de l'au-delà. Nous savons que nous existons actuellement sur le plan physique parce que nous avons un corps physique. Quand notre corps physique s'éteint, notre âme voyage vers l'au-delà où nous vivons de manière assez agréable jusqu'à ce que nous décidions de revenir sur le plan physique afin d'entamer une nouvelle vie.

Au cours de mes séminaires sur les Anges, on m'interroge souvent sur les raisons qui pourraient bien motiver notre retour sur le plan physique après avoir été dans l'au-delà ?

Si nous sommes capables d'endurer des épreuves sur le plan physique et si nous avons toujours la possibilité de nous construire une vie accomplie, riche en réalisations, c'est surtout grâce à la présence de nos Anges gardiens.

S'il est vrai que les Anges gardiens vivent sur le plan spirituel, cela ne signifie pas pour autant que tous les êtres célestes ont la possibilité de devenir des Anges gardiens.

Afin de répondre aux exigences des Anges, les âmes doivent pouvoir faire preuve du niveau spirituel le plus élevé, d'une sagesse extrême et s'être montrées dignes de confiance pour travailler infatigablement dans l'intérêt de ceux qu'elles guident.

Un Ange doit être formellement reconnu par Dieu et par les autres Anges dans l'univers pour pouvoir opérer en tant qu'Ange parmi nous, sur le plan physique. L'univers ne reconnaît que les êtres qui ont atteint une évolution spirituelle supérieure, ce qui élimine l'idée fausse relative à l'existence d'Anges malveillants ou de « niveau inférieur » susceptibles d'engendrer le chaos dans notre vie, car seuls les êtres qui ont le plus profond respect pour notre évolution spirituelle, notre sensibilité émotionnelle et notre dignité personnelle seront reconnus en tant qu'Anges gardiens.

Les Anges vivent dans l'au-delà, mais passent le plus clair de leur temps sur le plan physique et dépensent une énergie considérable pour travailler intimement avec la personne qu'ils ont pour mission de guider. Toute l'existence d'un Ange repose sur sa détermination à nous aider à accomplir autant de choses que possible sur le plan spirituel, personnel et professionnel.

En tant qu'individu, chacun d'entre nous se voit attribuer au moins deux Anges gardiens, ces compagnons travaillent à nos côtés vingt-quatre-heures sur vingt-quatre, tous les jours de notre vie, ils nous guident dans les moments difficiles et nous offrent leur compréhension, leur conscience, leur soutien et leurs encouragements.

On nous attribue nos Anges en fonction de deux critères. Tout d'abord, un Ange doit avoir une expérience préalable en rapport avec le type de défis ou de problèmes auxquels nous sommes confrontés et il doit avoir atteint un niveau de sagesse et d'illumination supérieur au nôtre.

Deuxièmement, l'Ange doit avoir une personnalité en phase avec la nôtre, car dans le cas contraire, la relation ne serait pas productive ou bénéfique.

Les caractéristiques uniques qu'un Ange apporte à la relation est leur capacité à travailler avec vous. En d'autres termes, chaque Ange qui vous est assigné sera disponible pour vous aider dans des domaines très particuliers et parfois très différents de votre vie. La plupart du temps, l'Ange qui vous aide dans vos relations personnelles ne vous aidera pas pour les questions professionnelles, de santé ou de sécurité. Nos vies comportent tant de facettes qu'il nous faut normalement plus de deux Anges œuvrant pour nous à tout moment.

Les Anges nous accompagnent aussi longtemps qu'ils font partie intégrante de notre évolution spirituelle, ce qui signifie qu'ils peuvent rester à nos côtés au cours de plusieurs vies, ou estimer qu'ils ne sont nécessaires que quelques jours. Il nous faut de nouveaux Anges à chaque fois que nous entamons un nouveau chapitre de notre vie ou quand nous sommes confrontés à toute une série de défis. Plus votre progression sera rapide face à de nouveaux défis et pour résoudre vos problèmes, plus la transition sera rapide pour les Anges qui travaillent pour vous. Je qualifie cette transition de « changement de garde ».

Vos Anges gardiens vous apportent un soutien inconditionnel, ils vous encouragent et se consacrent entièrement à tout ce qui peut vous être le plus bénéfique, et vous n'allez pas tarder à découvrir qu'ils sont vos compagnons les plus constants et les plus fidèles.

En dépit des bonnes intentions de votre famille et de vos amis, leurs conseils peuvent être marqués par leurs propres problèmes non résolus.

Par exemple, imaginez que votre rêve le plus cher soit de déménager à Florence et d'écrire un livre sur l'histoire de l'art. Après avoir occupé un emploi régulier, mais peu rémunéré pendant vos vacances en Italie, vous décidez de faire vos bagages et de déménager. Vous sentez que vous n'aurez pas de meilleure opportunité de réaliser votre rêve. Plusieurs semaines plus tard, au cours d'un dîner avec une amie, vous discutez avec enthousiasme de vos intentions de déménager. Votre amie consternée accueille cette nouvelle avec une certaine inquiétude et semble bouleversée.

Cette amie vous fait part de ses inquiétudes quant à votre bien-être émotionnel et financier, et vous précise d'une voix pleine de sous-entendus qu'elle pense que votre projet de déménagement est absolument fou et immature. Vous savez que votre amie vous aime et souhaite pour vous ce qu'il y a de mieux, mais en réalité, elle exprime ses propres problèmes non résolus impliquant la peur de l'indépendance et la prise de risque.

Cependant, si vous consultez vos Anges à propos de votre déménagement à Florence, ils vous répondront de manière positive, car ce voyage est vital pour votre évolution spirituelle, votre épanouissement personnel et votre satisfaction professionnelle.

Contrairement à votre famille et à vos amis, qui, certes, vous aiment et sont animés de bonnes intentions, vos Anges vous fournissent des informations ni filtrées, ni marquées par des problèmes non résolus. L'unique préoccupation des Anges est de vous assurer une productivité optimale dans votre vie.

Par ailleurs, vos Anges sont disponibles à tout moment pour vous. Ils ne sont jamais en vacances, et ils ne refuseront jamais de communiquer avec vous parce qu'ils mangent, dorment ou regardent la télévision. Et vous n'entendrez jamais un Ange vous répondre sur un répondeur automatique.

Vos Anges ont pour objectif de faciliter votre prise de conscience face aux événements susceptibles de se produire dans votre vie, à ce qui vous arrive dans votre vie et à l'origine de certains événements ou de certaines situations. Vos Anges se démènent pour vous apporter toutes ces données.

En consultation, je transmets des informations envoyées par les Anges gardiens, et il n'est pas rare qu'un Ange se plaigne, parce que la personne qu'il doit aider l'ignore, est réticente ou sceptique envers tout processus intuitif.

C'est pourquoi de nombreux Anges se glissent parmi nous sous une forme physique afin de nous orienter et d'aider les personnes pour lesquelles ils agissent de manière plus tangible.

Comment un Ange se présente-t-il sous une forme physique ? Tout simplement comme vous et moi. La personne qui vous sert à l'épicerie est peut-être un Ange, tout comme la femme derrière le comptoir du pressing. Votre Ange gardien peut même être votre comptable qui vient de terminer votre déclaration de revenus.

Quand les Anges ont la possibilité de se présenter sous une forme physique, ils se dirigent directement vers le lieu de rassemblement de la plupart des « guides ». Ils se déplacent sur le plan physique vers un endroit où l'on a le plus besoin d'eux. Leur philosophie divine repose sur le fait qu'il est beaucoup plus facile d'accepter un Ange sous une forme humaine qu'un Ange qui se manifesterait sur le plan spirituel.

Tout être humain possède la faculté innée de communiquer directement avec ses propres Anges gardiens individuels. En prenant davantage conscience de la présence des Anges, vos compagnons, et en développant vos facultés de communication avec eux, vous améliorerez sensiblement votre aptitude à reconnaître et à saisir rapidement les opportunités, les solutions à vos problèmes vous sembleront plus évidentes et vous connaîtrez les sommets de la réussite, du bonheur, de la paix de l'esprit et de la réalisation.

## Comment les Anges s'adressent-ils à Nous ?

De nombreuses personnes déclarent croire en l'existence des Anges gardiens, mais elles ne pensent pas avoir d'Anges exclusifs qui agiraient individuellement avec elles. Ne devrait-on pas se rendre compte de la présence des Anges, savoir qu'ils nous parlent ou avoir des preuves de communication avec les Anges ? Chaque jour de notre vie, nous recevons des preuves de l'existence de nos Anges gardiens. Comment est-ce possible ? Comment pouvons-nous être les acteurs d'une telle communication avec nos Anges à notre insu ?

Nos Anges entament une relation avec nous dès notre plus jeune âge. Ils sont constamment présents dans notre vie et leur mode de communication est si subtil que nous confondons naturellement les données qu'ils nous livrent avec notre propre intuition ou nos intimes convictions.

Après avoir acquis une meilleure compréhension du mode de communication de vos Anges gardiens, vous serez plus sensible à leur présence, vous commencerez à reconnaître toutes les informations qu'ils vous transmettent et vous y accéderez facilement.

**Les Anges communiquent avec nous essentiellement de trois manières :**

1. La plupart du temps, ils privilégient le mode intuitif. Cette forme de conversation fondamentale débute dès le berceau et se poursuit tout au long de notre vie. Ce mode de communication intuitif est le plus difficile à percevoir, car il se manifeste de manière subtile à travers nos processus de pensée. Les informations semblent nous provenir tout naturellement de notre cerveau, et non pas des Anges. Le moyen le plus rapide et le plus facile de reconnaître cette forme de communication

angélique est de prendre davantage conscience de vos « sentiments » intuitifs et d'écouter cette petite voix intérieure.

Par exemple, imaginez que vous rentrez chez vous après une journée de travail et on annonce une tempête. Une petite voix intérieure vous déconseille de prendre la route que vous prenez d'habitude parce qu'elle est impraticable. Vous décidez de suivre votre « instinct » et vous empruntez une autre route afin d'arriver à destination en toute sécurité. Arrivé chez vous, vous allumez votre poste de télévision pour regarder le bulletin météorologique. La route que vous prenez habituellement est sérieusement inondée et de nombreux automobilistes ont été bloqués par des inondations. Vous poussez un soupir de soulagement, car vous avez su écouter votre « voix intérieure ». Mais ce n'était pas uniquement votre « petite » voix. Ce sont les Anges qui vous ont confié cette information.

**2.** Les Anges communiquent avec tout le monde au travers de la communication intuitive, mais ils nous parlent également souvent avec leur propre voix, tout comme le ferait un ami au téléphone. Au cours de mes séminaires de channeling, certaines personnes me rapportent avoir communiqué pour la première fois avec les Anges pendant leur sommeil, le plus souvent entre trois et quatre heures du matin. Les Anges choisissent souvent ce moment pour entrer en contact avec nous, parce que nous sommes plus réceptifs sans être distraits par des stimuli extérieurs, comme c'est le cas pendant les périodes de veille. Il est beaucoup plus difficile d'ignorer leurs messages pendant les heures calmes et au petit matin.

S'ils se sont heurtés à des blocages alors qu'ils essayaient de vous atteindre par communication intuitive, les Anges se feront souvent entendre en prenant une voix humaine afin d'essayer d'attirer votre attention. Ils peuvent prononcer votre nom tout doucement, afin de vous sortir de votre sommeil profond. Après vous avoir réveillé, ils essaieront à nouveau de vous transmettre des informations sous le mode intuitif.

Le film « *Le Champ des Rêves* » décrit parfaitement le parcours d'une personne qui entend la voix d'un Ange, tandis que Kevin Costner reçoit des informations des Anges, « Si tu construis ce stade, ils viendront. », l'incitant ainsi à construire un stade de base-ball.

Par exemple, imaginez que vous êtes réveillé en douceur au beau milieu de la nuit par une voix murmurant votre nom. Vous vous asseyez dans votre lit et essayez de savoir d'où provient cette voix. Le chat dort profondément au pied de votre lit et votre moitié ronfle paisiblement à vos côtés. La voix ne peut provenir ni de l'un, ni de l'autre, mais vous savez que vous l'avez entendue. Vous jetez un œil sur le réveil sur votre table de chevet et vous constatez qu'il est 3h30 du matin. La voix ne parle plus, mais vous êtes bel et bien réveillé et vous ne parvenez pas à retrouver le sommeil. Soudain, vous commencez à percevoir des « sentiments » relatifs à une situation professionnelle particulière qui occasionne pour vous beaucoup de stress et de pression. Les Anges continuent d'infuser dans votre esprit des informations sur votre patron et sur plusieurs de vos collaborateurs pendant plusieurs minutes, jusqu'à ce que vous ayez acquis une nouvelle perception et une meilleure compréhension de cette situation épineuse. Vous retrouvez rapidement un sommeil réparateur, réconforté par un sentiment de sécurité que vous n'avez pas ressenti depuis très longtemps.

3. Les Anges livrent des informations intuitives au travers de représentations qui se manifestent le plus souvent sous forme de rêves. Ces représentations visuelles constituent une image claire et concrète des gens, des endroits et des lieux. Ces visions peuvent représenter des événements qui se déroulent actuellement ou qui se produiront dans le futur. Ces messages peuvent

vous avertir de quelque chose ou vous mettre en garde contre quelqu'un, ou contenir des souvenirs de vos vies antérieures qui remontent à la surface de votre conscience.

On peut également faire l'expérience de ce type de communication pendant les heures de veille. Dans le film, Les Yeux de Laura Mars, la photographe jouée par Faye Dunaway reçoit des images intuitives d'une série de meurtres. C'est un exemple parfait, quoique fictif, de quelqu'un qui reçoit des représentations visuelles, alors qu'elle est éveillée.

## Apprendre à Interpréter les Messages des Anges

Vous connaissez à présent les trois modes de communication des Anges et vous êtes prêt à prendre connaissance des deux types d'informations intuitives qu'ils vous fournissent au cours du processus de communication.

Tout en apprenant à faire la différence entre les deux types de messages envoyés par les Anges, vous apprendrez également à interpréter leurs informations intuitives.

Le premier type d'informations transmises par les Anges est l'information littérale. Ce sont des informations intuitives simples et faciles à déchiffrer.

Par exemple, vous pressentez quelque chose à propos d'une promotion professionnelle, d'un tremblement de terre imminent, d'une rencontre avec un homme merveilleux ou d'une maladie dans votre famille. Cette information vous est présentée de façon très directe, elle est très claire et facile à comprendre. Après avoir eu ce « pressentiment », l'événement ou la situation que nous avons ressenti intuitivement se produit dans la réalité exactement comme nous l'avions pressenti.

Les informations symboliques constituent une autre forme de messages intuitifs qui nous sont transmis la nuit sous forme de rêves. Elles peuvent tout d'abord nous sembler vagues ou mystificatrices, si bien qu'avant de comprendre le message des Anges, nous devons l'interpréter correctement. Apprendre à interpréter vos rêves est une composante fascinante pour établir une communication avec les Anges. Cela s'apparente beaucoup à une enquête psychique.

Avec un peu de pratique, vous serez capable d'interpréter des informations symboliques sans effort et avec enthousiasme.

Par exemple, vous rêvez toute la nuit d'un cheval blanc galopant à travers une prairie. A priori, cela n'a pas de sens pour vous. Vous n'avez pas de cheval et vous n'allez jamais à la campagne. Vous ne saisissez pas immédiatement le sens littéral de ce message, mais ce rêve doit être symbolique. Pour comprendre le message que les Anges essaient de vous transmettre, vous devez l'interpréter.

Voici quelques interprétations possibles : Le cheval blanc représente le symbole de la liberté qui vous semble faire cruellement défaut dans votre travail ou dans un autre domaine de votre vie. Le cheval est blanc, car cette couleur représente la pureté de vos intentions, et non pas uniquement votre aspiration à davantage de liberté. Vous éprouvez également le besoin de progresser dans votre vie professionnelle. La prairie peut représenter la paix et la tranquillité que vous pourriez ressentir si vous vous libérez de votre emploi actuel et si vous preniez la direction que vous avez choisie, peut-être même en ouvrant votre propre magasin.

Mais comment faire la différence entre les informations littérales et symboliques ? C'est très simple.

Quand on reçoit un message intuitif sous la forme d'un « sentiment » psychique, ou quand on entend la voix d'un Ange qui nous parle, lorsqu'une image nous semble claire et simple à comprendre, nous pouvons être quasiment certains qu'il s'agit d'informations littérales.

Mais si après avoir reçu un message intuitif lors d'un rêve, nous sommes perplexes, parce que ce message ne semble pas avoir de sens dans l'immédiat, il s'agit d'informations symboliques. Après avoir établi la nature symbolique de votre message, vous devrez l'interpréter afin de comprendre précisément ce que vos Anges essaient de vous transmettre.

Pourquoi les Anges vous livrent-ils des informations littérales ou symboliques ? Pourquoi ne facilitent-ils pas les choses en fournissant uniquement des informations littérales simples et claires ?

Parce qu'en apprenant à reconnaître les informations symboliques, et en développant les facultés nécessaires à les interpréter correctement, vous aiguisez sensiblement votre intuition qui vous permet de communiquer avec vos Anges. Et en développant ce mode de communication supérieure, vous serez assuré de ne pas passer à côté de la moindre information envoyée par vos Anges.

Ce processus d'interprétation intuitif est comparable aux procédés utilisés par un détective pour découvrir des indices cachés. Mais au lieu de résoudre une enquête sur un crime, vous découvrirez précisément ce que vos Anges essaient de vous dire pour vous aider à enrichir votre vie, à la satisfaire et à la rendre plus agréable.

A présent, vous savez comment vos Anges vous parlent et vous connaissez les deux types d'informations qu'ils peuvent vous livrer. Vous êtes donc prêt à apprendre comment entrer directement en contact avec eux grâce au channeling, comme nous allons le voir dans les chapitres trois et quatre.

# CHAPITRE 3

# Que peut-on attendre du « Channeling » ?

## Qu'est-ce que le Channeling ?

Le « channeling » est la faculté de communiquer régulièrement avec tout être existant sur le plan spirituel que nous pouvons également qualifier d'Au-delà.

Le plus important, c'est que le « channeling » nous permet de communiquer avec des êtres célestes tels que les Anges, des amis ou des membres de notre famille décédés qui ont rejoint le ciel.

A présent, vous êtes peut-être enthousiaste à l'idée de recevoir des informations de vos Anges, et vous êtes conscient de la petite voix « intérieure » qui vous oriente au cours de votre processus de décision.

Mais vous vous sentez probablement parfois frustré, parce que vous aimeriez avoir davantage accès à des informations intuitives particulières.

A ce stade, vous devez certainement attendre patiemment que vos Anges gardiens vous envoient des informations intuitives. Malheureusement, quand cela se produit, il peut arriver que vous ne les remarquiez pas en raison de distractions extérieures, ou vous pouvez les recevoir par bribes, comme une station de radio qui ne fonctionnerait que par intermittence.
Peut-être ne comprenez-vous pas exactement ce que vos Anges essaient de vous dire, ou avez-vous mal interprété leurs informations. Ce processus de communication à sens unique peut s'avérer très frustrant.

Développer votre aptitude au channeling vous permettra d'établir des contacts directs avec vos Anges gardiens, à tout moment du jour et de la nuit. Vous pourrez recevoir toutes les informations que vous souhaitez, clairement et dans leur totalité, sans avoir à attendre qu'elles viennent à vous. Désormais, vous allez établir une communication à double sens qui vous permettra d'obtenir des informations plus précises et plus spécifiques que vous n'auriez pas imaginé possibles.

Le channeling vous permettra également de poursuivre activement et pleinement une relation avec une personne qui vous est chère et qui s'est déplacée sur le plan spirituel.

Nombre de mes clients qui ont souffert de la perte d'un être cher me demandent s'il est possible de communiquer avec cet être cher qui est « parti ». Leur terrible sensation de perte a nourri une croyance en une vie après la mort dans laquelle une personne aimée se repose paisiblement et peut toujours être contactée.

Quand quelqu'un meurt, beaucoup de personnes souhaitent désespérément connaître l'endroit où les êtres décédés se rendent et s'assurer que tout va bien pour la personne aimée, mais elles ne veulent pas être déçues ou traitées avec condescendance.

Que nous existions ici sur le plan physique avec un corps physique ou que nous vivions désincarnés dans l'au-delà, nous faisons tous partie du même univers. Il n'y a pas de frontières entre le plan physique et le plan spirituel, sauf celles que nous créons et entretenons dans nos esprits.

Parce que nous faisons tous partie du même univers et qu'il n'y a pas de séparation entre le plan physique et le plan spirituel, nous pouvons communiquer librement dans les deux sens comme si nous étions reliés par des lignes téléphoniques.

Certaines personnes ont la sensation que les personnes décédées qu'elles aimaient leur rendent souvent visite. Elles ressentent leur présence et reconnaissent facilement leur énergie. Vous connaissez votre tonton Paul, qu'il existe sur le plan physique avec un corps physique ou qu'il soit passé sur l'autre plan en tant qu'esprit, vous saurez que c'est bien tonton Paul qui vous a rendu visite la nuit dernière, et personne ne pourra vous convaincre du contraire.

Il arrive que les personnes décédées que nous avons aimées se manifestent à nous pendant que nous sommes éveillés, ou elles choisissent parfois d'apparaître dans nos rêves. La relation que nous entretenons avec elles peut se poursuivre si nous nous efforçons de l'entretenir et communiquons directement avec elles. Le channeling peut nous aider à renforcer nos contacts avec les entités célestes.

Certaines personnes ont vécu des expériences avec des personnes décédées qui leur étaient chères et qui se sont manifestées en leur parlant, en les touchant, ou même en déplaçant des objets physiquement dans leurs habitations. Après vous être remis de votre surprise initiale due à la « vision » de tonton Paul, cela peut être très réconfortant et rassurant de savoir qu'il va bien et qu'il souhaite entrer en contact avec vous.

Il arrive parfois que nous recevions la visite d'une personne qui nous était chère sous une forme spirituelle, et il n'y a donc pas lieu d'être choqué ou de prendre peur. La plupart des gens qui ont vécu cette expérience sont souvent fascinés par ce phénomène et en discutent ouvertement avec une réelle conviction.

Très souvent, les personnes décédées se manifestent pour nous transmettre des informations destinées à nous protéger ou à nous apporter le bonheur et la santé. Nous avons donc tout intérêt à prendre conscience de ce type de manifestations.

Je suis persuadée que nous sommes quasiment tous en contact avec des personnes décédées que nous avons aimées, mais nous n'en sommes pas toujours conscients, si nous sommes hermétiques, « bloqués » ou sceptiques.

Tonton Paul peut tout à fait vous contacter ici sur le plan physique, et vous-même, vous pouvez envisager d'établir des contacts avec lui sur le plan spirituel. Je le fais souvent dans mon cabinet pour des clients sceptiques ou effrayés.

Le channeling est un processus qui nous permet d'établir une communication directe et à double sens avec des êtres sur le plan spirituel. Tandis que vous apprendrez à converser avec vos Anges gardiens, vous développerez également vos facultés de communication qui vous permettront d'entrer en contact avec votre cher tonton Paul. Vous n'aurez plus à attendre qu'il vienne à vous.

Quand vous communiquerez avec vos Anges gardiens et les défunts que vous avez aimés, votre aptitude à pratiquer le channeling vous permettra de communiquer avec d'autres êtres sur le plan spirituel qui seront prêts à discuter avec vous.

On me demande souvent à quoi ressemblent les Anges et les autres êtres spirituels, quand je pratique le channeling avec eux, car ils ne possèdent plus de corps physique. Ils se présentent souvent à moi exactement comme ils étaient lors de leur dernière existence physique. Il est intéressant et stimulant pour moi de décrire l'apparence d'un être spirituel à mes clients, y compris les coupes de cheveux, les modes vestimentaires, les styles de bijoux, les objets, et même le parfum qu'ils peuvent porter. Pour un de mes clients, Marilyn Monroe est un Ange et à chaque fois qu'il assiste à une séance privée avec moi, son parfum favori, Chanel n°5, envahit tout mon bureau.

Serez-vous capable d'établir un contact avec un individu de votre choix sur l'autre plan ? Non, pas toujours. Si un être spirituel est déjà retourné sur le plan physique et existe maintenant ici avec un corps physique comme nous, il est impossible de pratiquer le channeling avec lui. Si un être spirituel n'est pas un de vos Anges gardiens et n'est pas une personne décédée que vous avez aimée, il pourra être préoccupé par d'autres tâches et peut vous prier d'établir un contact un peu plus tard. La plupart du temps, je réussis à communiquer avec des êtres spirituels et j'ai découvert que le plus souvent, ils font en sorte d'être disponible pour ceux qui sont sur le plan physique.

# Pourquoi Devriez-Vous Apprendre à Pratiquer le Channeling ?

Apprendre à pratiquer le channeling vous ouvrira les portes de l'intuition, vous libérera des barrières que vous vous imposez et élargira votre horizon spirituel à un point que vous n'auriez jamais osé imaginer.

Tandis que vous soupèserez les avantages pragmatiques et logiques que pourrait vous apporter une meilleure capacité à communiquer avec vos Anges, vous découvrirez des bienfaits inattendus à partir des informations qu'ils vous fourniront et qui auront beaucoup d'importance sur votre existence au quotidien.

## *Vos Anges Peuvent Vous Protéger Contre la Violence Physique.*

Vous protéger ainsi que ceux que vous aimez contre la violence physique est une des fonctions quotidiennes les plus importantes de vos Anges gardiens.

Que vous viviez dans une ville surpeuplée, à la campagne ou dans une petite ville de province, vous êtes susceptible d'être victime d'une agression physique. Il vous appartient donc d'apprendre à vous protéger, ainsi que vos proches.

Beaucoup de gens « s'arment » dans le but de prévenir des confrontations violentes à l'intérieur et à l'extérieur de leur habitation. Les ventes d'alarmes stridentes, de masses, de gaz lacrymogènes, d'armes à feu, de couteaux et d'autres objets tranchants explosent et souvent les acheteurs découvrent que ces méthodes de protection sont insuffisantes pour assurer leur sécurité et peuvent être utilisées contre eux par des malfrats.

La véritable arme pour se protéger serait de prévenir ou d'éviter toute possibilité d'une confrontation violente avec un malfrat avant que cela ne se produise. Ne préféreriez-vous pas utiliser un mode de protection qui vous permettrait d'éviter et de prévenir toute confrontation au lieu de réagir en toute vulnérabilité à une agression ?

Grâce au channeling, votre Ange gardien peut vous livrer des informations intuitives quasiment instantanément sur les dangers possibles dans votre environnement immédiat. Vous n'aurez même pas à formuler une demande particulière à propos de cette information. Elle vous sera fournie afin de vous protéger ainsi que les personnes qui vous sont chères.

Au cours de mes séminaires de channeling, au moment où je précise que nous sommes toujours protégés par nos Anges, on m'interroge souvent à propos des victimes de crime violent. On me demande,

*« Si nous avons tous notre propre Ange gardien, et si les Anges nous avertissent vraiment des dangers*

*que nous courons, pourquoi certaines personnes sont-elles la proie de criminels ? ».*

Il y a toujours des risques au cours d'une vie et on ne peut éviter certaines tragédies ou des accidents, car dans certaines circonstances, elles sont prévues par l'univers comme des expériences d'apprentissage ou comme des signaux d'alerte. Cependant, il arrive que certaines personnes soient victimes de crimes violents parce qu'elles ne sont pas conscientes ou simplement parce qu'elles n'ont pas entendu les avertissements prodigués par les Anges.

Par exemple, quand j'ai commencé pour la première fois à pratiquer le channeling, je travaillais sur plusieurs cas de meurtres avec la police, des enquêteurs privés et des familles de victimes de crimes. Dans de nombreux cas, j'ai « vu » et « ressenti » psychiquement la victime qui entendait une petite voix intérieure l'informant d'un danger potentiel, mais elle avait rejeté ces mises en garde intuitives et avait dû souffrir des conséquences difficiles.

Malheureusement, les femmes en particulier doivent être très attentives à leur sécurité personnelle.

Comment pouvez-vous utiliser le channeling pour éviter d'être victime d'un crime violent ? C'est très simple. Pratiquez la communication avec vos Anges et écoutez ce qu'ils vous disent.

Il y a quelques années, j'avais un rendez-vous avec un jeune homme qui m'avait emmené au cinéma. Nous avions décidé d'aller dans un tout nouveau théâtre qui venait d'ouvrir près de chez moi. Après avoir fait la queue pour acheter des pop-corn, nous entrâmes dans le théâtre obscur. Mon ami et moi avions choisi nos sièges et tandis que nous engagions la conversation, mes Anges me mirent en garde de manière insistante, « *Kim, lève-toi et déplace-toi immédiatement. Ne regarde pas autour de toi. Lève-toi et déplace-toi* ».

Cet avertissement était tellement abrupt qu'il me déconcerta. Ils répétaient leur mise en garde, mais cette fois, ils criaient dans ma tête. Je sautai sur mes jambes et j'invitai mon ami à en faire de même sur le champ. Ce que nous fîmes et les voix des Anges se calmèrent, mais continuaient de dire, « *Ne regarde pas autour de toi. Reste sur ton siège et ne regarde pas autour de toi.* ».

Je fus tout naturellement gagnée par la curiosité et je ne pus m'empêcher de regarder autour de moi. Le théâtre faiblement éclairé était presque vide, et j'entendis la voix de mes Anges réitérant leur avertissement, mais c'était trop tard. Dans la rangée des sièges où nous étions assis, un jeune homme d'environ vingt-quatre ans me fixait d'un regard ouvertement plein de haine et d'hostilité. Il semblait sinistre, sale et négligé et je fus surprise qu'on le laissât entrer dans le théâtre. Lorsque nos regards se croisèrent, j'eus froid dans le dos.

Puis mes Anges m'expliquèrent que ce jeune homme était un violeur qui traquait les femmes dans les environs. Il choisissait ses victimes potentielles quand elles avaient un rendez-vous. Il suivait sa victime ainsi que la personne qui l'accompagnait jusqu'à chez elle et attendait patiemment son départ. Puis il forçait la porte d'entrée pour pénétrer au domicile de la femme et l'abuser sexuellement.

Mes Anges me dirent qu'il n'y avait pas lieu de s'alarmer et qu'ils me protégeraient. Je sentais le regard du jeune homme qui me fixait pendant le film, mais immédiatement après la fin, il quitta rapidement la salle. Je ne le revis plus jamais.

Je suis une personne relativement perspicace et j'eus froid dans le dos en réalisant que j'étais assise presque à côté de cet homme sans avoir même remarqué sa présence. Je sais que mes Anges m'ont évité d'être la victime potentielle de cet homme. Ils m'avaient protégée contre une réelle menace de violence physique en me transmettant une mise en garde sans équivoque.

Depuis ce temps-là, en raison de mon travail avec de dangereux criminels et les familles de victimes de crimes, je me suis souvent trouvée dans des situations potentiellement dangereuses.

Mes Anges m'ont protégée grâce à de nombreuses informations préventives qui m'ont permis d'échapper à des situations dangereuses que n'auraient pas pu éviter un pistolet ou un dispositif de sécurité. En développant votre capacité à communiquer avec vos Anges, vous serez plus à même de recevoir et d'utiliser leur protection.

Vos Anges Peuvent Vous Conseiller sur Votre Etat de Santé.

Une autre fonction très importante de vos Anges gardiens consiste à vous fournir des informations sur votre état de santé. Ce type d'informations a également un but préventif.

Il est essentiel d'être à l'écoute de ce que nos Anges essaient de nous transmettre sur notre santé physique.

Grâce à nos Anges, nous pouvons prendre connaissance de maladies potentiellement sérieuses bien avant l'apparition de symptômes, ce qui peut nous permettre d'enrayer ou de minimiser l'étendue et la progression de la maladie.

Dans certains cas, une connaissance préalable d'un éventuel problème de santé peut nous permettre de concentrer notre attention sur des mesures préventives, des années avant l'apparition éventuelle de la maladie. Vos Anges peuvent également vous aider à comprendre et à surmonter des difficultés relationnelles, à fixer et à atteindre des objectifs personnels et professionnels, à éliminer des obstacles inutiles et à acquérir l'abondance financière.

# CHAPITRE 4

# La technique pas à pas

A présent, vous savez que vos Anges existent et vous connaissez leur objectif divin quand ils travaillent avec vous. Vous êtes donc prêt à apprendre comment entrer en communication avec eux.

Ce nouveau processus d'apprentissage sera si facile et si productif que vous aurez peine à croire qu'en si peu de temps, vous pouvez communiquer avec vos propres Anges gardiens.

Ce processus simple qui comporte neuf étapes va véritablement changer votre vie. Communiquer avec vos Anges vous ouvrira des portes dont vous n'auriez jamais soupçonné l'existence. Vous ne recevrez plus uniquement des fragments et des bribes d'informations intuitives que vous « receviez » jusqu'alors. Ce processus de communication mutuelle avec vos Anges n'est pas comparable à une simple conversation avec un ami au téléphone. C'est ce que j'appelle « l'accroche ».

Vous pourrez les appeler et accéder à des informations envoyées par vos Anges à tout moment du jour et de la nuit, sans avoir besoin d'un intermédiaire pour recevoir l'information. Je vous recommande de vous isoler pendant quinze minutes pour votre première tentative de « channeling ». Il ne vous faudra probablement pas plus de temps pour parvenir à une « accroche ».

Nombre de clients ont été très surpris par la rapidité avec laquelle ils avaient réussi à établir une communication directe avec leurs Anges. En tant qu'êtres humains, notre nature nous pousse à rendre les choses plus difficiles et plus compliquées qu'elles ne devraient être. N'oubliez pas que le channeling est un processus totalement naturel, tout comme la respiration et le sommeil, et comme vous l'avez appris dans le chapitre Deux, vous êtes un canal expérimenté depuis votre plus tendre enfance. La seule différence dans les techniques qui suivent est la manière dont vous communiquerez avec vos Anges. La technique en neuf étapes est la suivante :

## Etape Un :
## Se Préparer à Parler avec Vos Anges

Quand on essaye pour la première fois de pratiquer le channeling, il est préférable de se retirer dans un environnement calme où l'on ne sera pas dérangé ou distrait par les enfants, une épouse ou un époux, des animaux domestiques, la radio, la télévision ou le téléphone. Il vous faudra un espace calme pour pouvoir vous concentrer pleinement sur la nouvelle forme de communication que vous apprenez. Prévoyez également un crayon et une feuille de papier ou vous souhaiterez peut-être vous asseoir devant votre ordinateur. Après avoir acquis une certaine expérience dans la communication avec vos Anges, vous pourrez leur parler dans presque n'importe quel environnement.

## Etape Deux : Elaborer des Questions

Lorsque vous aurez commencé à établir cette communication à double sens, parler avec vos Anges sera plus facile et plus productif si vous avez préparé un programme ou une liste de questions. Ecrivez (ou tapez) quatre ou cinq questions qui représentent des priorités pour vous. Vous pouvez poser des questions sur les membres de votre famille, votre carrière, vos relations, la santé ou d'autres sujets, mais assurez-vous que certaines questions sont relativement spécifiques. Par exemple, la question, « *Quel sera mon avenir ?* » sera trop vague, parce que vos Anges ne sauront pas exactement à propos de quel domaine de votre futur vous l'interrogez. Une meilleure question serait, « *Vais-je garder mon emploi dans la société X ?* » ou « *Dois-je créer ma propre entreprise ?* ».

## Etape Trois : Premier Contact

Passez en revue votre liste de questions, choisissez celle que vous jugez la plus importante, puis dites à haute voix, « *Je voudrais parler à mes Anges. Voici ma première question...* ».

Au début, vous devrez parler fort à vos Anges afin d'établir dans votre esprit une réelle communication avec quelqu'un d'autre que vous-même. Notre esprit a tendance à discréditer tout ce qui ne peut être touché ou observé concrètement.

## Etape Quatre : Poser des Questions

Après avoir posé votre première question, restez silencieux pendant un certain moment. Vous pouvez vous attendre à recevoir une réponse de votre Ange après quinze ou vingt secondes.

## Etape Cinq :
## Recevoir une Réponse d'un Ange

Tout comme si vous parliez à un ami au téléphone, vous recevrez une réponse rapide de vos Anges qui vous parviendra de l'une des trois manières que nous avons évoquées au Chapitre Deux :

1. Les Messages Intuitifs qui constituent la forme la plus courante de communication avec les Anges. Ces messages intuitifs « se manifestent » soudainement dans notre esprit.
   Après avoir posé votre première question, vous recevrez vraisemblablement une réponse de vos Anges qui s'apparentera à votre intuition. Ce sera très doux et très subtil, mais elle vous parviendra facilement. La réponse à votre première question vous « apparaîtra » vraisemblablement tout simplement dans votre esprit.
2. Vous pouvez également recevoir des messages des Anges en entendant réellement leur voix s'adressant directement à vous. Après avoir posé votre première question, vous pouvez entendre une voix douce qui vous répondra. La plupart du temps, on entend la voix des Anges pendant le sommeil, mais cela peut aussi se produire à l'état de veille.

**3.** Les Anges choisissent également de communiquer avec nous par des images visuelles, des informations livrées par nos Anges qui apparaissent sous forme d'images mentales. On les reçoit souvent pendant les rêves, on peut également avoir la même sensation de recevoir des informations intuitives pendant l'état de veille.

Par exemple : Une mère nettoie la cuisine après un repas de famille. Tout en s'affairant, elle interroge ses Anges à propos du bien-être et de la sécurité de ses enfants. Elle dit à haute voix, « *Jennifer, ma cadette, est-elle en sécurité en ce moment ?* ».

Bien que cette maman soit face à un évier rempli de vaisselle, elle reçoit soudain un flash d'informations intuitives dans son esprit en réponse à sa question. Cette femme « voit » psychiquement sa plus jeune fille qui court après une balle dans la rue devant le domicile familial. Une voiture se dirige à toute vitesse vers sa fille, et quelques secondes plus tard, un terrible accident se produit. Prise de panique, la mère laisse tomber son torchon, se précipite dehors vers l'endroit où elle a « vu » l'accident et fait rentrer l'enfant au moment où la voiture arrive à toute allure.

Au cours de mes séminaires sur les Anges, j'ai découvert que la plupart des gens reçoivent des informations des Anges au travers de ces trois modes de communication. Cependant, on peut parfois recevoir davantage d'informations par l'une ou l'autre de ces méthodes. Vos Anges choisiront celle qui convient le mieux à votre situation, tandis que vous améliorez votre pratique du channeling et que vous continuez à établir les bases de votre ancrage spirituel de sagesse, d'illumination et de maturité.

## Etape Six : La Confirmation

Voici la partie passionnante ! Vous venez de poser votre question : « *Dois-je créer ma propre entreprise ?* » Vous attendez quelques instants avant de recevoir votre réponse. Soudain, vous recevez une quantité d'informations et avez l'impression de penser intensément ou de vous parler à vous-même :

« *Oui, tu dois créer ta propre entreprise. C'est ton rêve depuis des années. Et c'est le moment idéal ! Tu trouveras ton bonheur et tu te réaliseras si tu crées une société de consulting et cela t'apportera la sécurité financière.* »

« *Votre colocataire vient de déménager en ville. Appelez-le, il fera un parfait partenaire pour votre entreprise. Il peut apporter une partie du capital de départ. Tu dois te lancer dans ta propre société dès que possible, non seulement parce que c'est ton rêve, mais également parce que tu es de plus en plus insatisfait de ton emploi actuel dans la société X. Et tu ne recevras pas la promotion et l'augmentation que tu attends en février... »*

A ce stade, je vous garantis que votre cerveau essaiera par tous les moyens de nier que cette information vient d'un Ange. Jusqu'à ce que vous ayez acquis davantage d'expérience et que communiquer avec vos Anges devienne aussi naturel que respirer ou dormir, vous serez plongé dans une infinie perplexité. Préparez-vous à cela et demandez-vous : « *Comment pouvais-je savoir que mon colocataire avait déménagé en ville ? Et je n'ai pas encore créé ma propre société parce que je ne savais pas exactement dans quel domaine me lancer. Je n'avais jamais songé à une société de consulting ! Et comment pouvais-je prévoir que l'augmentation et la promotion que j'espérais fortement me passerait sous le nez ?* »

Demandez-vous comment vous avez pu être au courant de ces choses par vous-même. C'est humainement impossible.

Vous êtes quasiment persuadé que vous n'auriez pu obtenir ces réponses sans l'aide de vos Anges, mais votre cerveau continue probablement de le nier.

Vous avez posé à votre Ange une question particulière. Vous avez reçu une réponse. Maintenant, afin d'avoir la confirmation que vous parlez vraiment à quelqu'un d'autre que vous-même, posez à votre Ange une deuxième question : « *Etes-vous vraiment un de mes Anges ?* »

## Etape Sept : La « Prise »

Vos Anges vous reparleront et confirmeront leur présence. Leur réponse peut se présenter sous la forme d'une quantité d'informations semblables à la pensée ou à un soliloque :

*« Oui, nous sommes vos Anges. Nous sommes si heureux de pouvoir te parler ainsi ! Nous avons tant d'informations à te livrer... »*

A présent, vous êtes « pris ». Dès lors et pour le reste de votre vie, vous aurez accès aux informations livrées par vos Anges à chaque fois que vous le souhaiterez. Vous avez établi une communication mutuelle avec vos Anges.

Remarque : Si vous avez l'impression de ne recevoir aucune information de vos Anges et si le silence vous semble assourdissant, continuez de pratiquer et vous parviendrez à la « prise ». La communication avec vos Anges vous paraîtra très douce et très subtile au début. Ne vous attendez pas à ce qu'ils vous frappent sur la tête avec une poêle à frire. En développant vos facultés de communication avec vos Anges, leurs voix seront de plus en plus fortes.

Depuis que j'enseigne le channeling, personne ne s'est jamais plaint de toujours rencontrer des problèmes pour apprendre à communiquer avec les Anges. La plupart des gens me disent qu'ils sont parvenus à la « prise » dès leur première ou leur seconde tentative. N'oubliez pas que le channeling est à la fois un don inhérent et une faculté apprise.

Quand vous aurez appris à connaître vos Anges, vous gagnerez en confiance et vous améliorerez votre communication avec eux. Vous établirez des relations de confiance et de respect mutuels, tout comme vous établiriez une relation avec des amis sur cet avion. Par ailleurs, vos Anges sont au courant des coulisses de la scène auxquelles vous n'auriez aucun moyen d'accéder. A chaque fois que vous établirez une communication avec vos Anges, vos doutes se dissiperont et finiront par disparaître totalement et votre relation avec vos Anges engendrera des résultats spectaculaires.

# Etape Huit :
# Développer une Relation avec Vos Anges

Les informations que vous recevrez de vos Anges sont illimitées. Lorsque vous serez « pris », demandez à vos Anges de se présenter et de décrire précisément l'objectif précis qu'ils visent avec votre coopération. La relation la plus productive que vous puissiez établir avec vos Anges proviendra de la fréquence et de la confiance que vous parviendrez à établir au travers de votre communication.

## Etape Neuf : Pratiquez ! Pratiquez !

Afin d'établir et de développer votre relation avec vos Anges, il est absolument nécessaire d'exercer vos facultés de communication au moins une fois par semaine pendant quinze minutes. Si vous souhaitez passer plus de temps à parler avec vos Anges, c'est encore mieux.

Lorsque vous serez « pris », plus vous pratiquerez, plus il vous sera facile d'accéder aux informations de vos Anges. Vous découvrirez également à quel point les informations données par vos Anges peuvent être précises et spécifiques. Le Channeling deviendra un processus tout à fait naturel.

Une autre merveilleuse façon d'exercer vos facultés de communication avec les Anges consiste à suggérer aux membres de votre famille et à vos amis ouverts à la spiritualité de poser des questions aux Anges pour eux. Vous serez surpris par la somme de connaissances que vous aurez l'occasion de leur procurer de la part des Anges.

## Poser les bonnes questions

Maintenant que vous avez appris à communiquer avec vos Anges, l'étape suivante importante consiste à apprendre à poser les bonnes questions. Poser les bonnes questions vous permettra d'accéder à toutes les informations qu'il vous faut pour prendre des décisions intelligentes et qui en valent la peine.

En général, nos Anges évitent de nous communiquer des informations de force ; la philosophie de leur travail avec nous est un patient respect. Ils attendent jusqu'à ce que nous ayons pris conscience et que nous soyons suffisamment matures pour penser à poser certaines questions, avant de transmettre des informations librement.

En d'autres termes, si un enfant de six ans s'approche de vous et vous demande d'où viennent les bébés, vous lui répondrez de manière appropriée et compréhensible pour son âge. S'il s'agit d'un adolescent de treize ans, votre réponse serait totalement différente, mais adapté à son niveau de maturité. Nos Anges travaillent avec nous de la même manière.

Exemple : Vous tombez amoureux d'une personne qui n'a jamais manifesté le moindre intérêt pour le mariage. La première question qui vous vient à l'esprit est probablement, *« Cette personne voudra-t-elle se marier un jour avec moi ? »*.

D'autres questions plus importantes sont :

*« Est-ce que je serai heureuse et comblée, si je me marrie avec cette personne ? », « Notre mariage durera-t-il ? », « Cette personne sera-t-elle un bon parent ? ».*

Autre cas : Vous êtes très malheureux au travail et vous ressentez une certaine précarité en ce qui concerne votre emploi dans votre société. La première question que vous souhaitez poser à vos Anges est vraisemblablement, *« Vais-je être licencié(e) ? ».*

C'est bien sûr une question très importante à poser, mais la réponse à cette question unique n'est pas très instructive. Les questions les plus importantes sont : « Dans quel domaine vais-je faire carrière ? », *« Que dois-je faire pour que cela se produise, », « Comment vais-je survivre financièrement ? ».*

Les sujets mentionnés ci-dessous représentent une source relativement exhaustive des questions susceptibles d'être posées à vos Anges. Ces questions peuvent vous protéger contre certains défis inutiles, des obstacles et des traumatismes. Les réponses vous rendront également beaucoup plus attentifs à des opportunités inattendues ou inconnues, elles vous permettront de développer des relations merveilleuses et à acquérir une sécurité financière.

J'ai dû atteindre un certain niveau d'illumination avant de savoir poser ces questions. J'ai établi une liste de ces questions au travers de mon expérience acquise au cours de mes nombreux séminaires sur la communication avec les Anges, et de milliers de séances de channeling pendant plusieurs années.

# Votre Vie Personnelle

## *Une Nouvelle Relation*

Félicitations ! Vous venez de rencontrer une personne captivante et les étincelles fusent. Mais avant de sauter aveuglément dans l'inconnu et de gaspiller votre énergie et votre temps précieux, interrogez vos Anges sur cette relation potentielle.

Nous voudrions tous pouvoir éviter la possibilité de tomber amoureux(se) de la mauvaise personne – quelqu'un qui pourrait engendrer le malheur ou le chaos dans votre vie. Endurer des relations personnelles difficiles peut s'avérer très frustrant, ennuyeux, distrayant et même parfois traumatisant.

Au tout début d'une nouvelle relation, vos Anges peuvent vous éclairer sur les raisons qui ont poussé cette personne à entrer dans votre vie, le but qu'elle poursuit et la durée qu'elle a l'intention de passer avec vous.

Quand on comprend la dynamique et les raisons qui sous-tendent une nouvelle relation, il est beaucoup plus facile de poursuivre sa voie en toute tranquillité. Vous serez pleinement conscient de ce qui est possible et de ce qui est impossible dans cette relation.

Je vous recommande fortement de poser certaines ou toutes les questions suivantes. Cette personne est-elle ? :

- Un homme/une femme Merveilleux(se) pour moi, ou une autre expérience d'apprentissage difficile ?
- Célibataire ?
- Certain(e) de ses préférences sexuelles ?
- Sexuellement compatible avec moi ?
- Se débat-elle avec des problèmes insolubles ?
- Progresse-t-elle à la même vitesse que moi ?
- Souffre-t-elle d'une addiction ou d'une maladie grave ?
- Puis-je lui faire confiance, est-elle désintéressée, prête à faire des compromis et ouverte à de nouvelles idées ?
- Est-elle chaleureuse, douce, affectueuse et aimante ?
- aimable, compatissante, objective ?
- manipulatrice ?
- Est-elle à l'écoute des autres, communicative et exprime-t-elle ses émotions ?
- Est-elle agressive physiquement ou verbalement ?
- monogame et fidèle ?
- amusante et gaie ?
- A-t-elle de bonnes relations avec ses enfants, sa famille, ses amis et ses collègues de bureau ?
- Souhaite-t-elle développer une relation positive avec mes enfants, ma famille, mes frères et sœurs, mes amis et mes collègues de bureau ?
- Est-elle issue d'une famille avec laquelle je suis

susceptible de m'entendre (y compris mes enfants, mon ex-époux(se), et mes parents) ?
- Considère-t-elle notre relation comme une priorité ?
- Est-elle en mesure de respecter ses engagements et les promesses qu'elle m'a faites ?
- Peut-elle évoluer et développer tout son potentiel ?
- Est-elle prête à se marier et à une relation durable ?
- Peut-elle être un bon partenaire ?
- Envisage-t-elle d'avoir des enfants ? Combien ? Quand ? des filles ou des garçons ?
- Sera-t-elle un bon parent ?
- A-t-elle les mêmes valeurs et le même mode de vie que moi ?
- A-t-elle une bonne situation et est-elle capable d'atteindre ses objectifs financiers ?
- A-t-elle davantage tendance à donner ou à recevoir ?
- Est-elle stable et mature ?
- Intelligente et avisée ?
- Mon alter-ego spirituel ?

## *Une Relation Actuelle*

Vous êtes avec votre deuxième moitié depuis un certain temps et vous souhaitez savoir ce que vous réserve l'avenir. Des problèmes relationnels peuvent être source d'une profonde insatisfaction. Peut-être êtes-vous engagé dans une relation presque parfaite, mais des obstacles physiques ou émotionnels doivent être surmontés. Vous avez besoin de savoir ce que vous réserve cette relation, et tout aussi important, vous avez besoin de savoir ce qui se passerait si vous décidez de partir.

Malheureusement, certaines relations, malgré tous les efforts que vous pourrez déployer, ne vous apporteront que des difficultés. C'est ce que j'appelle des « expériences d'apprentissage ». Que cette relation soit personnelle ou professionnelle, cette personne est entrée dans votre vie pour une raison particulière –pour vous apprendre quelque chose dans votre cursus spirituel.

Avant que vous n'éprouviez une certaine gêne à ce sujet, sachez que vous fournissez les mêmes expériences d'apprentissage pour d'autres personnes ! Cela fonctionne dans les deux sens.

Ces expériences d'apprentissage présentent cependant certains avantages. Elles ne vous bloquent pas ou ne vous piègent pas de manière irréversible, même si vous en avez parfois l'impression. Pour venir à bout d'une relation difficile, vous devez en tirer des leçons et la surmonter rapidement. Cela vous libère pour pouvoir quitter cette relation et mener une vie plus heureuse.

Vous devez poser des questions très précises à vos Anges sur les problèmes que vous essayez de résoudre avec votre partenaire actuel, car si vous ne les cernez pas correctement, vous pourriez facilement commettre une erreur et le quitter prématurément.

C'est la raison pour laquelle tant d'hommes et de femmes ne cessent de répéter des modèles destructeurs dans leurs relations. Ils quittent une personne trop tôt et s'engagent avec une autre qui répète exactement les mêmes schémas.

L'univers nous proposera des relations difficiles jusqu'à ce que nous finissions par en tirer des leçons et que nous résolvions nos problèmes.
Après vous avoir exposé précisément les problèmes sur lesquels vous devez effectuer un travail, les Anges vous expliqueront comment vous pouvez les résoudre rapidement.

Puis, vos Anges vous présenteront un rapport sur vos progrès. Ils seront les premiers à vous féliciter de la résolution d'un problème, ce qui signifie que vous aurez achevé le processus d'apprentissage et que vous êtes prêt à poursuivre sur votre voie.

Les réponses aux questions suivantes dissiperont les incertitudes à propos d'une relation présente, et faciliteront votre prise de décision.

Mon partenaire est-il :

- Amoureux de moi ? Est-ce que je l'aime ?
- Un bon choix pour moi en ce moment ?
- Un bon parent ?
- Heureux de notre vie ? Suis-je heureux(se) ? Pourquoi ?
- Capable de changer ? Quand ? Comment ?
- Partagera-t-il ma vie dans une relation satisfaisante à long terme ou sera-t-il une courte expérience d'apprentissage ?
- Parviendra-t-il à surmonter ses problèmes ? Quand ?
- Honorera-t-il les engagements qu'il a pris envers moi ? envers les enfants ?
- Souhaite-t-il se faire conseiller ou entamer une thérapie si cela s'avère nécessaire ? Devons-nous suivre une thérapie de couple ?
- Ferai-je partie de ses priorités ?
- Me fera-t-il part de ses sentiments ?
- Me traitera-t-il avec respect ?
- Est-il capable de tenir ses promesses ?
- Est-il capable de gérer l'argent ?
- Est-il fidèle ?
- Est-il honnête et sincère avec moi ?
- Souhaite-t-il une relation à long terme ?

Demandez également à vos Anges :

- Si je reste, la relation va-t-elle s'améliorer ? Dans quel sens ? Notre relation peut-elle devenir physiquement ou verbalement violente ?
- Pourquoi mon partenaire et moi avons été attirés l'un vers l'autre ?
- Quelles leçons sommes-nous censés tirer de cette expérience ?
- Avons-nous accompli tout ce qui était prévu dans notre relation ?
- Mon partenaire m'a maltraitée. Pourquoi est-ce que je ne parviens pas à me libérer de cette personne ?
- Devons-nous nous séparer ou divorcer ?
- Comment mon partenaire va-t-il réagir si je veux mettre fin à cette relation ?
- Comment les enfants vont-ils réagir en cas de divorce ?
- Si mon partenaire réagit violemment, comment puis-je me protéger au mieux ? Comment puis-je protéger les enfants ? Comment et quand dois-je entamer une procédure de divorce ?
- Dois-je rester au domicile conjugal ou dois-je déménager ?
- Où dois-je aller ?
- Dois-je prendre des mesures pour me protéger ?

- Comment puis-je trouver un bon avocat ?
- Combien de temps dure une procédure de divorce ?
- Pourquoi ai-je si peur de mettre fin à cette relation ?
- Mon conjoint payera-t-il une pension pour les enfants ? Puis-je dépendre de ces rentrées d'argent régulières ?
- Comment vais-je subvenir à mes besoins et à ceux des enfants ?
- Mon partenaire doit-il continuer à voir les enfants ?
- Mes enfants voudront-ils continuer à voir leur père/mère ?

## *Une Relation Future*

Aucune personne en particulier ne partage votre vie en ce moment et vous vous demandez si vous allez rester longtemps seul(e). Même si vous n'avez personne en vue pour le moment, cela ne signifie pas que vous ne trouverez jamais le partenaire idéal !

Vos Anges peuvent vous fournir des informations particulières qui rendront votre attente solitaire moins frustrante.

Par ailleurs, vos Anges peuvent orienter la naissance et l'épanouissement de relations positives et vous protéger en vous détournant de ceux qui pourraient s'avérer décevants et contre-productifs.

Voici quelques questions que vous pourriez poser à vos Anges :

- Vais-je rencontrer l'Homme ou la Femme de ma vie ? Quand ?
- Que puis-je faire de ma solitude en attendant ?
- Dois-je fréquenter une personne dont je sais qu'elle n'est pas « la bonne personne » ?
- Est-ce que je connais déjà cette personne si particulière ?
- Sinon, comment allons-nous nous rencontrer ? Où ?
- A quoi ressemble cette personne (couleur de ses yeux, de ses cheveux, taille, âge ?
- Vais-je trouver cette personne attirante dès le premier regard ?
- Cette personne sera-t-elle immédiatement attirée par moi ?
- Quelle est la profession de cette personne ?
- Où habite-t-elle ?
- Quel est son statut marital ?
- A-t-elle des enfants ? Combien ? Quel âge ont-ils ?
- Cette personne est-elle évoluée spirituellement, mature, aimante ? Correspond-t-elle à tous mes autres critères ? A quel point de vue ?
- Qu'allons-nous faire pour notre premier rendez-vous ?

- Quand formerons-nous un « couple » ?
- Allons-nous nous marier ?
- Aurons-nous des enfants ?
- Où allons-nous habiter ?
- Est-ce que je ralentis d'une manière ou d'une autre le processus de rencontre avec cette personne particulière ? Dois-je effectuer un travail personnel sur certains points avant de pouvoir rencontrer cette personne ?
- Comment saurai-je que cette personne est la bonne ?
- Cette personne est-elle prête à s'engager dans notre relation ?
- La famille de cette personne me plaira-t-elle ?

## *Grossesse*

Quand on m'interroge sur des relations au cours de séances de channeling privées, la grossesse est toujours l'un des sujets les plus populaires. En fonction de votre âge, mode de vie, partenaire et de nombreux autres facteurs, vous désirez peut-être ardemment une grossesse en ce moment, ou vous souhaitez peut-être éviter de tomber enceinte. Cette liste de questions destinées à vos Anges vous fournira une multitude d'informations intuitives en arrière-plan.

### *Vous Envisagez une Grossesse ?*
- Serais-je un bon parent ?
- Mon partenaire sera-t-il un bon parent ?
- Dans quelle mesure mon partenaire partagera-t-il mes responsabilités ?
- Est-ce que je voudrais un enfant avec mon partenaire actuel ?
- Serait-il bénéfique pour moi d'attendre de devenir enceinte ? Pourquoi ? Et pour combien de temps ?
- Mon partenaire est-il prêt à être parent ? Sera-t-il enthousiaste à l'idée d'une grossesse ?
- Combien de temps devrai-je attendre pour tomber enceinte ?
- Ai-je des problèmes physiques qui m'empêcheraient d'être enceinte ?
- Si je suis enceinte, quels sont les problèmes et que pourrais-je faire pour les corriger ?
- Mon partenaire a-t-il des problèmes physiques qui pourraient éviter ou prolonger la conception ?
- S'il a des problèmes, quel genre de problèmes aura-t-il et que peut-il faire pour les corriger ?
- Aurai-je une grossesse sans problème ?
- Y a-t-il des recommandations particulières concernant l'alimentation, l'exercice physique, le repos, le stress, etc. qui pourraient faciliter ma grossesse et écarter les problèmes ?
- Quand vais-je accoucher ?
- Que puis-je attendre de cette grossesse

particulière ?
- Aurai-je des complications suite à la naissance de mon bébé ?
- Mon médecin me convient-il ?
- Sinon, où puis-je trouver un meilleur médecin (recommandation d'un ami ou d'un médecin que je respecte) ?
- Quel sera le sexe de mon enfant ?
- Y aura-t-il une grossesse multiple ?
- Mon enfant sera-t-il en bonne santé ?
- Si je n'arrive pas à avoir d'enfant à cause d'un problème de santé de ma part ou de mon partenaire, quelle est la meilleure alternative ? L'insémination artificielle, une mère porteuse ou l'adoption ?
- Si je choisis l'adoption, quelle est la meilleure agence pour moi ?
- Si j'adopte, aurai-je des problèmes avec la mère ou le père biologique qui voudrait reprendre la garde de l'enfant ?
- Ai-je besoin d'un avocat pour m'aider dans mes recherches ? Si oui, qui serait le meilleur avocat pour moi ?
- Quels seront les aliments, les couleurs, les jouets et la musique préférés de mon enfant ?
- Quels seront les facultés et les dons particuliers de mon enfant ?
- Comment pourrai-je nourrir et orienter mon enfant pour l'aider à développer tout son potentiel ?

### *Vous n'envisagez pas une grossesse*
- Ai-je fait part clairement à mon partenaire de mes sentiments à propos d'une grossesse ?
- Suis-je enceinte en ce moment ?
- Est-ce que j'utilise la méthode contraceptive la plus efficace ?
- Devrais-je envisager une méthode contraceptive plus efficace pour ne pas tomber enceinte ?
- Suis-je bien protégée contre les maladies sexuellement transmissibles ?
- Quelle serait la meilleure option pour moi si je devais tomber accidentellement enceinte ?

## *Votre Vie Professionnelle ?*

### *Où Allez-Vous ?*

Au cours de séance privée dans mon bureau, les clients me posent souvent une question plus récurrente que les autres. Ils s'inquiètent, car ils n'ont pas la moindre idée de l'orientation qu'ils doivent donner à leur vie. Ils n'ont pas d'objectif précis dans leur vie et voudraient bien savoir quand et comment ils pourront le trouver.

Ils ne se sont fixé aucun objectif et sont par conséquent démunis pour accomplir de nouvelles choses. Ce qui est très déprimant, et émotionnellement handicapant pour la plupart des gens.

Par exemple, si vous étiez réellement persuadé que vous ne pourriez jamais atteindre autre chose que ce que vous avez en ce moment, et que vous n'aurez jamais l'occasion de créer ou de construire autre chose, vous auriez probablement envie de vous jeter par la fenêtre.

Si vous ne choisissez pas et ne vous fixez pas des objectifs personnels et professionnels et si vous ne travaillez pas pour les atteindre tous les jours, la qualité de votre vie n'évoluera pas d'un iota.

Projetez-vous dans dix ans. Voulez-vous être à la même place dans votre vie personnelle ? Voulez-vous être exactement où vous êtes dans votre vie professionnelle ?

Vous avez probablement répondu, « Certainement pas ! » à ces deux questions. Si c'est le cas, vous devrez finir par prendre des décisions à propos de ce que vous voulez accomplir l'année prochaine, l'année suivante et dans trois ans.

Vous seul(e) détenez les clés de votre vie et de ce que vous souhaitez accomplir. Je peux vous garantir que la qualité de votre vie ne connaîtra aucune amélioration si vous vous reposez sur vos lauriers et attendez de la réussite et l'épanouissement au travers des efforts de votre moitié, de vos parents, de vos enfants, amis ou collègues de travail. Vous ne pourrez créer les conditions favorables à votre évolution qu'en vous fixant des objectifs appropriés et en vous y tenant !

Si l'objectif particulier de votre vie s'applique à un domaine d'activité dans lequel vous n'avez pas beaucoup d'expérience, vos Anges vous expliqueront comment vous pouvez acquérir de l'expérience et le savoir pour réussir. Ils vous diront également ce que vous pouvez attendre en termes de satisfaction, d'accomplissement et de rétributions financières.

### *Votre Emploi Actuel*

- J'ai été licencié(e) du jour au lendemain de mon dernier poste et je ne crois pas aux raisons invoquées. Que s'est-il passé ?
- Ai-je des risques d'être licencié(e) de mon emploi actuel ?
- Quelles sont les probabilités d'augmentation ou d'avantages supplémentaires dans mon emploi actuel ?
- Aurai-je une promotion ? Puis-je progresser dans ma société ?
- Si j'ai une promotion dans ma société, est-ce que mon nouveau poste me plaira ?
- Combien de temps vais-je rester et travailler dans cette société ?
- Mes efforts sont-ils reconnus et appréciés ?
- Mon patron est-il satisfait de mes

performances ? Dans le cas contraire, qu'est-ce que je peux améliorer ?
- Mes relations avec mes collaborateurs sont-elles positives ? Sinon, pourquoi dois-je faire face à des frictions ou à des disputes ? Que puis-je faire ?
- Je déteste mon travail ! Dois-je quitter la société ?
- Si je reste, le cadre de mon travail va-t-il s'améliorer ? Pourquoi ? Dans combien de temps ?
- Dans combien de temps dois-je partir ? Pour aller où ?
- Aujourd'hui, quel type de travail me correspond le mieux ? Comment obtiendrai-je ce nouvel emploi ? Par l'Agence pour l'Emploi, les réseaux sociaux ou les petites annonces ?
- Gagnerai-je plus d'argent dans cette nouvelle société ?
- Ce nouveau travail va-t-il me plaire ?
- Le nouveau patron va-t-il me plaire et est-ce que je le respecterai ?
- Vais-je apprécier mes nouveaux collaborateurs ?
- Mon nouveau travail sera-t-il sûr ?
  Combien de temps vais-je y travailler ?

## Créer Votre Propre Entreprise

- Est-ce le moment pour moi de créer ma propre entreprise ?
- Serai-je satisfait(e) de toutes ces responsabilités ?
- Serai-je un bon patron ?
- Dois-je vendre un produit ou un service ?
- Comment puis-je faire connaître mon produit/service de la manière la plus efficace possible ? Par mailing, publicités télévisées, la radio, les journaux, les réseaux ?
- Dois-je m'associer ? Avec qui ?
- Où vais-je trouver mon capital de départ ?
- Sous quelle forme juridique dois-je créer ma nouvelle entreprise ?
- Serai-je plus heureux ou aurai-je plus de succès si j'achète une franchise ?
- Mon avocat d'affaires est-il compétent ? Dans le cas contraire, où puis-je en trouver un compétent ?
- Mon comptable est-il honnête et compétent ? Sinon, où puis-je en trouver un ?
- Où dois-je rechercher des bureaux ?
- Comment puis-je trouver des employés compétents et stables ?
- Comment puis-je garder des employés compétents et stables ?
- Comment dois-je rémunérer mes employés ?

- Combien d'argent puis-je gagner la première année, et la deuxième ?
- Si je crée ma propre entreprise, quelle sera ma situation financière dans cinq ans ? Et dans dix ans ?
- Mon ancien collègue de bureau, colocataire en cité universitaire, mon beau-frère, mon voisin, mon meilleur ami, mon coiffeur, etc., me demande de m'associer avec lui. Serait-ce une bonne association ? Est-ce qu'il assumera sa part de responsabilité ?
- Aurons-nous une sécurité financière ?
- Combien de temps cette affaire peut-elle durer ? Combien de temps durera ce partenariat ? Combien de temps durera notre amitié ?

## *Vous Etes Chef d'Entreprise*

- Je possède déjà ma propre entreprise. Est-ce une entreprise fiable ?
- Ai-je de bonnes relations avec mon partenaire ?
- Est-ce que j'assume bien mes responsabilités ?
- Mon partenaire assume-t-il ses responsabilités ?
- Suis-je un bon patron ?
- Mes employés sont-ils productifs et heureux ?
- Mon avocat d'affaires est-il compétent ? Sinon,

où puis-je en trouver un ?
- Mon comptable est-il compétent et honnête ? Sinon, où puis-je en trouver un ?
- La situation financière de ma société va-t-elle rester telle qu'elle est actuellement ? Pendant combien de temps ?
- Est-ce que je maîtrise totalement les rentrées et les sorties d'argent ? Tous les impôts sont-ils payés à temps ?
- Quelles sont les meilleures opportunités pour ma société ?
- Quel est l'avenir de ma société ?
- Dois-je envisager de fusionner avec une autre société ? Où et comment puis-je trouver une association satisfaisante.
- Dois-je diversifier l'offre des produits et services proposés par ma société ?
- Si oui, quel type de produits et de services ?
- Ma société connaîtra-t-elle une expansion ? Dans combien de temps ?
- Dois-je embaucher plus d'employés ? Combien ? Où les trouver ?
- Dois-je envisager de déplacer mon entreprise ?
- Quel est le meilleur endroit ? Le nouveau local me permettra-t-il de prendre de l'ampleur ?

## *Vos Finances*

Dans le domaine financier, vos Anges peuvent vous conseiller pour faire des économies et dans vos investissements au mieux de vos intérêts.

Vos Anges peuvent également vous mettre en garde contre une situation financière potentiellement désastreuse qui pourrait épuiser vos économies ou s'avérer être un fardeau financier pour les années à venir.

- Ma situation financière actuelle va-t-elle se maintenir telle qu'elle est actuellement ? Que puis-je faire pour l'améliorer ?
- Puis-je attendre une rentrée d'argent extérieure (un héritage ? à l'issue d'un procès ?) ?
- Un événement ou une série de circonstances est-il susceptible d'épuiser mes ressources financières ou d'avoir un effet dévastateur sur mes finances ?
- Que puis-je faire pour éviter ou prévenir ces événements ?
- Si j'achète une maison (une voiture, de vieux objets, des bijoux, des actions, une opération chirurgicale, un voyage autour du monde, etc.) est-ce que je risque de faire faillite ou de me retrouver dans une situation financière délicate ?
- Aurai-je un jour assez d'argent pour pouvoir acheter une maison (une voiture, des objets

anciens, etc.) ? Quand ? Comment ?
- Mon avocat est-il compétent ? Dans le cas contraire, où puis-je en trouver un ?
- Ma déclaration de revenus envoyée aux services des impôts est-elle exacte ?
- Mon comptable est-il compétent ? Sinon, où puis-je en trouver un bon ?
- Suis-je bien assuré(e) dans tous les domaines ?
- Dois-je mettre à jour mon Testament ? Et mon partenaire ?
- Ai-je besoin d'un accord prénuptial avec ma future épouse ?
- J'ai découvert mon partenaire qui vidait nos comptes joints. Que puis-je faire pour me protéger financièrement ?
- Mon épouse et moi nous disputons toujours à propos de la manière dont dépensons l'argent. Que puis-je faire pour mettre fin à ces chamailleries stressantes ?
- Je vis un divorce difficile. Que dois-je faire pour me protéger financièrement ?
- Mon partenaire et moi sommes bons amis. Nous avons opté pour un divorce à l'amiable. Que dois-je faire pur me protéger financièrement ?
- Je viens d'entamer une nouvelle relation et mon nouveau partenaire souhaite ouvrir des comptes joints. Dois-je le faire ? A quoi puis-je m'attendre si nous le faisons ? Si je décide de

le faire, qui doit être responsable du paiement des factures et du carnet de chèques ?
- Mon beau-frère veut que j'investisse dans sa nouvelle société en échange d'actions. Dois-je le faire ? Quel retour puis-je attendre de cet investissement ? Vais-je perdre mon investissement ? Puis-je me permettre de perdre mon investissement ? Dans le cas contraire, comment dire « non » ?
- Je prévois de faire des améliorations structurelles et d'embellissement dans ma maison. Est-ce un bon investissement ? Aurai-je un retour important pour ces améliorations lors de la vente de ma maison ?
- Comment puis-je économiser de l'argent pour parer aux urgences financières ?
- Comment puis-je économiser de l'argent pour les frais de scolarité de mes enfants ? pour ma retraite ?
- Vais-je gagner un jour au Loto ou à un autre concours pour lequel je recevrai des gains inattendus ?
- Je viens de recevoir une rentrée d'argent inattendue ! Comment puis-je investir au mieux cet argent ? Ai-je besoin d'un conseiller financier ? Où puis-je trouver le meilleur pour moi ?

## *Votre Spiritualité*

- Comment s'appellent mes Anges ? Pourquoi travaillent-ils avec moi ? Pendant combien de temps seront-ils avec moi ? Sont-ils heureux de travailler avec moi ?
- Ont-ils des suggestions/des idées/des recommandations pour moi ?
- Comment puis-je améliorer au mieux ma capacité à communiquer avec mes Anges ?
- Quels problèmes ai-je choisi de résoudre pendant cette vie ?
- Quels problèmes ai-je résolu ?
- Quels problèmes me reste-t-il à résoudre ?
- Est-ce que je me saborde moi-même d'une manière ou d'une autre ? Pourquoi dois-je toujours apprendre à travers des épreuves difficiles ?
- Comment puis-je résoudre mes problèmes le plus simplement possible ?
- Est-ce que je progresse assez rapidement ?
- Quel est le travail de ma vie ?
- Comment et quand puis-je me lancer dans cette carrière ?
- Comment puis-je développer mon talent et ces facultés pour pouvoir réussir dans ce domaine ?
- Quelles étaient mes vies antérieures ?
- Étais-je un homme ou une femme ?
- Dans quels pays ai-je vécu ? A quelle époque

de l'Histoire ?
- Qu'ai-je accompli ? Qu'est-ce que je n'ai pas accompli ?
- Quels étaient mes talents particuliers ?
- Quels problèmes m'ont été transmis par mes vies antérieures et sur lesquels je travaille toujours actuellement ?
- Qui dans ma vie actuelle était avec moi dans mes vies antérieures ? Quelle était la nature de nos relations ?
- Pourquoi ai-je choisi les parents et les frères et sœurs que j'ai dans ma vie actuelle ?
- Dans quelle mesure leurs problèmes sont-ils liés aux miens ?
- Puis-je établir de meilleures relations avec eux ?
- Pourquoi mes enfants m'ont-ils choisi comme parent ?
- A quel type de problèmes mes enfants seront-ils confrontés et quel sera leur domaine d'activité ?
- Mes enfants sont-ils issus d'une vie antérieure particulièrement difficile ou traumatisante ?
- Est-ce que je fais tout ce que je peux pour atteindre mes objectifs avec eux ?
- Ai-je réalisé ce que j'étais censé faire pour moi-même et pour les autres dans ma vie ?
- Quels sont les objectifs que je partage avec mes amis actuels dans cette vie ?

- Quels sont les dons, les facultés et les talents particuliers dont j'ai hérités de mes expériences passées ?
- Quelles sont les animosités, les peurs, les craintes et les angoisses issues d'expériences antérieures ?
- Pourquoi mes rêves sont-ils si vivaces ? Qu'est-ce que cela signifie ?
- Pourquoi mes animaux domestiques m'accompagnent-ils, dans quel but ?

## *Votre Santé*

- Y-a-t-il des problèmes de santé particulier dont je dois prendre connaissance ?
- Un des membres de ma famille a-t-il des problèmes de santé que j'ignore ?
- Quel est le meilleur traitement pour mon problème de santé ou le sien ?
- Une opération sera-t-elle nécessaire ?
- Qui doit réaliser l'opération ?
- Dans combien de temps dois-je me faire opérer ?
- Où l'opération doit-elle être réalisée ?
- Combien de temps durera ma convalescence ?
- Que puis-je attendre après mon opération ?
- Quels désagréments devrai-je subir ?
- Que se passera-t-il si l'opération n'a pas lieu ?

- Me porterai-je mieux si je ne prends pas trop de médicaments ou si je traite ma maladie par une approche holistique ?
- Aurais-je besoin d'une physiothérapie ?
- Pour réduire les désagréments, dois-je opter pour des antalgiques, l'acupuncture, la chiropraxie ou une autre thérapie ?
- Pour quelle raison spirituelle ai-je cette maladie ? Est-ce une sonnerie d'alarme ? Qu'est-ce que je suis censé apprendre de cette expérience ?
- Dans combien de temps irai-je mieux ? Est-ce que j'irai mieux ?
- Je viens d'être blessé(e). Quelle est la gravité de ma blessure ? Quel est le meilleur médecin qui pourra me soigner ?
- Comment puis-je guérir le plus rapidement possible ?
- Pour quelle raison spirituelle ai-je été blessé(e) ? Est-ce une alerte ? Qu'est-ce que je suis censé apprendre de cette expérience ?
- Je sais que j'ai un problème de santé, mais les médecins que j'ai consultés semblent incapables de déterminer exactement l'origine du problème. Que dois-je faire ?
- Quelles mesures dois-je prendre pour être au mieux de ma forme ?
- J'envisage de subir une opération de chirurgie esthétique. Serai-je satisfait(e) des résultats à

long terme ? Serai-je satisfait(e) de mon chirurgien ? En combien de temps serai-je remis(e) de l'opération ? Quels sont les risques ?
- Dois-je améliorer mes habitudes alimentaires ? Quel changement dois-je opérer ? Que va-t-il advenir de ma santé si je ne change rien à mes habitudes alimentaires actuelles ?
- Quel programme d'exercices physiques serait le plus efficace pour moi ? Le moins efficace ? A quelle heure de la journée dois-je m'entraîner et où ?
- Quel est le meilleur moyen pour moi de réduire le stress dans ma vie ?
- Comment puis-je recharger mes batteries ?
- Comment puis-je développer mon énergie physique ?
- Ai-je besoin de compléments alimentaires ? Dois-je consulter un nutritionniste ?
- Mon animal domestique est-il en bonne santé ?

## CHAPITRE 5

# Développer vos facultés de communion

## *Etablir une relation productive*

Pour pouvoir communiquer avec vos Anges gardiens rapidement et de la manière la plus productive possible, vous devez parfaitement comprendre la manière dont vos Anges vont travailler avec vous et ce que vous allez découvrir en établissant une relation avec eux.

Je vous recommande fortement d'envisager de fixer des « rendez-vous » avec vos Anges en vous engageant verbalement avec eux. Prévoyez un moment particulier pour pratiquer le channeling. Prendre un rendez-vous avec vos Anges équivaut à fixer un rendez-vous pour retrouver un ami ou un associé d'affaires.

Pour fixer un rendez-vous, il vous suffit de dire « Sam (ou le nom de votre Ange), je voudrais prendre un rendez-vous avec toi demain à neuf du matin. »

C'est aussi simple que cela. C'est toujours vous qui décidez du moment de votre rencontre en fonction de votre emploi du temps et de ce qui vous convient le mieux. Pour vos Anges, peu importe le moment où vous voulez communiquer avec eux parce qu'ils sont toujours disponible pour vous, à n'importe quelle heure du jour ou de la nuit.

Lorsque vous vous serez engagé à communiquer à une certaine heure, je vous recommande de préparer une liste organisée de questions qui reflète vos priorités actuelles, afin de vous assurer que ce moment sera utilisé à bon escient.

Vos Anges ne vous fourniront pas uniquement des réponses détaillées à vos questions, mais également des informations supplémentaires qu'il est important pour vous de connaître.

Vous apprécierez certainement le fait que vos Anges vous présentent des informations de manière très franche et directe, sans prendre de précautions inutiles. En effet, ils respectent trop votre maturité et votre clairvoyance pour ne pas faire preuve d'honnêteté à votre égard quand vous leur posez vos questions.

La philosophie des Anges est de vous soutenir le plus possible par des paroles encourageantes, mais ils n'hésiteront pas à utiliser leur méthode de communication directe et à vous dire la vérité sur votre mari qui a une aventure avec la baby-sitter. Soyez certain que vos Anges seront toujours francs avec vous et ne vous donneront pas des informations vagues, irréalistes, trop optimistes ou censurées dans le but de protéger vos sentiments.

En établissant ce mode de communication mutuelle avec vos Anges, vous constaterez que leur conception du temps est totalement différente de la nôtre sur le plan physique. Nous mesurons le temps en secondes, minutes, heures et en semaines.

Dans le ciel, ce type de repères temporels n'existe pas. Ici, sur notre plan, soixante-dix ans correspondent pour nous à une vie, alors que sur le plan spirituel, c'est un battement de paupières.

C'est pourquoi, lorsque nous quittons le plan spirituel pour nous rendre sur la Terre pour une autre vie physique, nous manquons peu aux défunts avant que ce ne soit pour nous le moment de revenir.

Quand vous aurez compris la manière dont vos Anges considèrent le temps, vous comprendrez pourquoi ils semblent toujours vous presser par des observations telles que : *« Dépêche-toi et résoudre ce problème. », « Nous sommes vraiment surpris que tu n'aies pas encore fait ceci ou cela. »,* et *« Allons-y, maintenant, maintenant, maintenant ! »*.

N'oublions pas que leur seul et unique but est de vous guider et de vous orienter tout au long de votre vie et une grande partie de leur responsabilité consiste à s'assurer que vous accomplirez tout ce qui figure sur votre liste de missions spirituelles. Nos Anges ont leur propre horloge spirituelle et considèrent nos vies sur le plan physique comme infiniment éphémères, comparées à l'espace et au temps célestes infinis.

En raison de ces différences de perception du temps sur le plan physique et spirituel, nos Anges conçoivent différemment la durée de notre évolution. De notre point de vue, il nous semble que nos Anges nous guident en nous poussant constamment à avancer.

Alors que du point de vue des Anges, nous devons ressembler à de faibles créatures besogneuses qu'il faut encourager et soutenir pour qu'elles puissent accomplir quelque chose !

Développer votre faculté à pratiquer le channeling avec vos Anges pourrait s'apparenter à l'établissement d'une relation avec un mentor et un ami exalté, et la communication entre vous sera déterminée par des convenances mutuelles. Il vous faudra parfois fixer des limites, tout comme vous le feriez sur le plan physique.

Si vous avez l'impression de subir une pression trop forte en raison de leur insistance enthousiaste, ou si vous hésitez à transmettre leurs informations intuitives à une autre personne, sachez que vos sentiments sont légitimes et que vous devez les transmettre à vos Anges si vous souhaitez poursuivre une relation productive avec eux. Il est très important que vous leur parliez aussi ouvertement et honnêtement qu'ils vous parlent.

Par conséquent, même si vos Anges gardiens sont des êtres célestes et ont à cœur de servir au mieux vos intérêts, vous pouvez tout à fait conserver votre libre-arbitre et prendre vos propres décisions. Vous pouvez tout à fait dire à vos Anges, « *Non, je ne veux pas !* » ou « *Non, je ne peux pas.* » si vous sentez que c'est nécessaire.

C'est vous qui vivez les difficultés de cette vie sur le plan physique. Il vous appartient de résoudre vos problèmes, car vous devez accomplir la mission de votre vie. Vos Anges gardiens ne vous sont pas assignés pour vous dicter votre comportement ou pour prendre vos décisions. Mais ils sont des mentors divins qui vous apportent leur soutien, vous guident et vous orientent dans vos prises de décision et votre évolution.

Quand vous fixez des limites avec vos Anges, ils ne se mettront pas en colère, ne vous en voudront pas et ne choisiront pas de vous abandonner simplement parce que vous exercez votre libre-arbitre. Quelle que soit l'importance qu'ils attribuent à une mission spirituelle, ils reconnaissent que la décision finale vous appartient pour déterminer le moment et la manière dont vous souhaitez l'accomplir. Et vous n'accumulerez pas des points karmiques négatifs si vous hésitez ou refusez de suivre les recommandations de vos Anges.

Par exemple, si vous oubliez de fixer des « rendez-vous » avec vos Anges, et qu'ils continuent de vous réveiller au milieu de la nuit pour vous livrer des informations, vous serez épuisé et moins productif que si vous aviez eu une nuit de sommeil réparateur. Si vous éprouvez une certaine frustration en raison de ces communications nocturnes, dites-le leur et demandez-leur un « rendez-vous » à une heure plus propice pour vous.

Ils vous ont peut-être transmis des informations intuitives qu'ils aimeraient que vous communiquiez à un ami ou à une personne que vous connaissez et que cela vous semble difficile. Partagez ce que vous ressentez avec vos Anges et ils demanderont simplement à quelqu'un d'autre d'accomplir cette tâche.

Ou peut-être que vos Anges vous pressent constamment d'accélérer le pas pour sortir d'une situation stressante, et cela ne fera qu'amplifier votre stress. Demandez-leur respectueusement d'arrêter et désistez-vous et ils arrêteront immédiatement.

## *Pourquoi certains Anges sont-ils temporaires ?*

Au cours de mes séminaires sur les Anges, on me demande souvent combien de temps nos Anges restent avec nous et si ce sont les mêmes Anges qui continuent à travailler avec nous tout au long de nos vies.

Tant que nous restons sur le plan physique, nous avons la merveilleuse opportunité de nous familiariser avec les nombreux Anges gardiens qui nous sont assignés pour nous aider à surmonter nos problèmes et pour nous orienter dans notre vie.

Chaque Ange nous est assigné pour travailler dans un domaine particulier de notre vie. Un Ange peut nous guider dans le domaine professionnel, un autre dans notre vie personnelle, et un autre peut nous être assigné pour nous aider à élever notre enfant.

La relation que nous partageons avec nos Anges est remarquablement proche et constante, et tandis que nous prenons conscience de leur présence et communiquons avec eux, nous finissons par nous fier à eux et devenons dépendants de leurs conseils et de leurs orientations. Ils n'accentuent pas notre dépendance par rapport à eux pour prendre des décisions, mais ils sont en place pour nous aider à renforcer notre indépendance, notre potentiel et nos facultés à prendre des risques, acquises grâce à des décisions prises en toute confiance.

Chaque Ange travaille sans relâche pour nous apporter leur soutien et leurs encouragements qui représentent leur objectif principal. Quand nous résolvons certains problèmes ou accomplissons ce qu'ils nous aident à réaliser, ils ont terminé leur mission. Ils poursuivent alors leur chemin pour travailler avec quelqu'un d'autre qui entame le voyage que nous avons achevé.

La plupart des Anges restent à nos côtés uniquement pendant la période nécessaire à la résolution d'un problème particulier, mais il arrive qu'un Ange choisisse de nous accompagner tout au long de notre vie. Ces Anges gardiens supervisent le travail des autres Anges et ont le plus souvent des liens très étroits avec nous qui remontent à des vies antérieures.

Au cours de séances privées de channeling dans mon bureau pour un client, il arrive souvent que je reçoive des informations intuitives non seulement de leurs Anges, mais également d'un ami ou d'un parent décédé qui conseille ou qui protège également cette personne. Tandis qu'un ami ou un membre de la famille décédé n'agit pas formellement en tant qu'Ange gardien, sa présence spirituelle peut être aussi forte que celle d'un Ange. Il choisit souvent de s'impliquer dans la protection et dans le bien-être d'une personne aimée, aussi longtemps que la personne reste sur le plan physique. En général, un patient est déjà conscient de la présence de son ami ou parent décédé et considère que cet accompagnement spirituel est extrêmement réconfortant et encourageant.

Comment savoir que vous avez un nouvel Ange ? C'est ce que j'appelle un « changement de garde ». En développant votre faculté à pratiquer le channeling, vous développerez des relations très étroites avec vos Anges. Ils vous informeront en permanence du statut de votre travail avec eux et de votre niveau d'évolution qui vous indiquera combien de temps vous resterez en leur compagnie. Bien avant qu'ils ne cessent de travailler avec vous, ils vous annonceront que votre travail est presque terminé et que leur présence n'est plus nécessaire.

Je suis une personne très émotive et sentimentale, et au début, ce phénomène de « changement de garde » me perturbait et me déprimait. Je n'aimais pas l'idée de devenir proche et émotionnellement attachée à mes Anges, pour les voir partir travailler avec quelqu'un d'autre. Puis, je serais obligée d'entamer une nouvelle relation avec un autre Ange.

Je fus rassurée en découvrant que j'aurais toujours la possibilité de m'entretenir avec mon Ange à chaque fois que je le souhaiterais, même si notre relation devait avoir lieu à un niveau différent de celui de l'Ange/élève que nous avions connu précédemment. La relation entre vous et votre Ange parti relèvera davantage d'une amitié mutuelle qui pourra renforcer de manière significative le lien qui vous unit.

J'ai appris que c'est un réel plaisir que de rencontrer un nouvel Ange gardien enthousiaste à l'idée de travailler avec vous. Les Anges peuvent avoir des personnalités très différentes, tout comme nous sur le plan physique. C'est un cadeau merveilleux de pouvoir établir une nouvelle relation de cœur, d'esprit et d'âmes avec un être avancé spirituellement dont le seul et unique but est votre bien-être et votre bonheur.

## La Manifestation Physique des Anges

L'une des expériences les plus passionnantes que vous puissiez faire est d'assister à la manifestation physique d'êtres célestes.

Vos Anges gardiens ou vos amis ou parents décédés peuvent manifester leur présence spirituelle de manière tangible en apparaissant devant vous de manière à ce que vous puissiez les voir, les entendre et les sentir.

Au cours de mes séminaires sur les Anges, de nombreuses personnes partagent leurs récits de rencontres particulières avec des personnes aimées décédées qui, je pense, sont beaucoup plus courantes que nous le pensons.

L'industrie cinématographique a reconnu de manière concrète l'existence d'êtres célestes et a décrit leur interaction sur le plan physique dans de nombreux films récompensés par la critique.

Trois de mes films préférés sont Le Fantôme et Mme Muir, dans lequel une jeune veuve reçoit des conseils de son Ange, un amiral décédé, Un Chant de Noël qui décrit la visite nocturne de Trois Anges gardiens, et La Vie est Merveilleuse, dans lequel l'homme d'affaires George Bailey apprend à apprécier la qualité de sa vie grâce à l'intervention de son Ange gardien, Clarence.

Lorsque mes Anges se sont révélés à moi pour la première fois sous une forme physique tangible, ils m'apparurent aussi réels que n'importe quelle autre personne sur le plan physique. C'est pourquoi leur présence fut si saisissante la première fois. J'avais peine à croire ou à accepter qu'un être spirituel put prendre une forme physique. J'ai appris que les êtres spirituels ont une existence aussi réelle que la nôtre. Ce n'est qu'après plusieurs mois de communication quotidienne avec mes Anges que je compris que je n'étais pas en train de perdre la tête et qu'ils étaient effectivement envoyés par le Ciel pour me venir en aide.

A présent, je sais qu'il est assez courant de voir, de sentir, d'entendre ou de toucher un être spirituel. Je serais vraiment surprise si vous n'aviez pas déjà rencontré de manière tangible un de vos Anges gardiens ou une personne décédée que vous avez aimée. Plus vous serez ouvert(e) à cette expérience, plus cette rencontre sera agréable et passionnante.

Si vous n'avez jamais rencontré vos Anges gardiens ou une personne décédée et que vous aimeriez faire cette expérience, c'est certainement possible.

Au moment du channeling, demandez simplement à vos Anges ou aux personnes décédées de se manifester de manière tangible sous une forme physique. Vos Anges apparaîtront sous la forme physique de leur choix qui correspond le plus à leur personnalité (homme, femme, jeune, vieux, etc.), et les personnes qui vous sont chères vous apparaîtront telles que vous vous en souvenez.

Vos Anges gardiens ou vos amis ou membres de votre famille décédés peuvent également rendre leur présence spirituelle plus tangible en déplaçant ou en manipulant des objets physiques.

Ce phénomène est très bien illustré dans le film Ghost, dans lequel un mari décédé, Sam Rice a appris à manifester son existence physique à sa veuve en manipulant des objets dans la maison.

Depuis mes débuts en tant que médium, j'ai entendu de nombreux récits de personnes ayant vu des objets se déplacer dans les airs, découvert des photos de personnes décédées soudain tournées face contre la table, des plantes et des fleurs qui s'épanouissaient dans le jardin alors que la veille elles étaient sèches et sans vie et beaucoup d'autres incidents dont certains individus étaient persuadés que c'était un signe d'oncle Harry ou d'un Ange gardien.

Un être spirituel peut-il réellement déplacer un objet physique ? Oui, bien sûr, mais je dois admettre qu'étant sceptique de nature, j'eus beaucoup de mal au début à croire toutes les histoires que j'entendais.
Les trois incidents que je vous présente ci-dessous me sont réellement arrivés.

Le premier incident eut lieu alors que j'avais dix-huit ans. Je fréquentais l'Université Loyola et un après-midi à la fin de l'automne, je fus prise de terribles maux de tête, probablement en raison des faibles résultats à des tests que je venais de recevoir.

Je décidai de ne pas assister à mon dernier cours et je retournai chez moi. Sur le chemin du retour, je ne songeai qu'à prendre une aspirine et à m'allonger pour soulager mes maux de tête.

Mes parents et mon frère étaient partis en vacances pendant quelques jours et j'étais seule à la maison. Je me garai dans l'allée, fermai la porte et entrai dans la maison par la porte du garage. Je jetai mon porte-monnaie et les clés sur la table de la cuisine, retirai mes chaussures et montai quatre à quatre les escaliers pour trouver l'aspirine dans l'armoire à pharmacie de mes parents.

J'entendis soudain un bruit familier, mais étouffé. Je ne distinguai pas immédiatement de quoi il s'agissait et d'où il provenait, mais je me souviens avoir été très perplexe, car j'étais seule dans la maison depuis quelques jours.

J'atteignis le sommet de l'escalier et je vis immédiatement que la porte de la chambre de mes parents était curieusement fermée. Je savais qu'elle n'était pas ainsi quand j'étais partie le matin. J'étais inquiète, mais une petite voix me rassura en me disant que tout allait bien. Puis la voix m'incita à ouvrir la porte de la chambre à coucher et à entrer dans la salle de bains où je trouverais quelque chose pour mon mal de tête.

En ouvrant la porte de la chambre, je découvris l'origine du bruit. L'eau coulait ! Je me précipitai dans la chambre à coucher de mes parents.

A ma grande surprise, l'eau froide coulait fortement dans l'évier. A côté de l'évier, il y avait deux aspirines et un verre propre. Puis, j'entendis la petite voix expliquer, *« Je voulais t'aider à soulager tes maux de tête. »*.

Le deuxième incident se produisit quelques années plus tard, alors que j'avais acquis une certaine expérience du channeling. Tôt le matin, je fis entrer une cliente dans mon bureau pour une séance privée de channeling. Nous nous assîmes confortablement et je mis en marche le magnétophone. Elle évoqua rapidement ses priorités se rapportant essentiellement à ses relations avec son petit ami.

Je commençai à pratiquer le channeling en rapport avec sa relation. Son Ange m'informa que son petit ami était prêt à lui demander sa main le jour de son anniversaire et qu'elle serait très heureuse avec lui comme mari.

Ma cliente fut naturellement très heureuse et enthousiaste, et me demanda s'ils auraient des enfants ensemble.

C'est alors qu'un autre Ange s'immisça dans la conversation et commença à communiquer avec moi.

*« Kim, je dois lui faire part d'une information très importante. Arrête de parler de cette relation. »*

Je n'avais pas encore transmis à ma cliente l'information transmise par l'autre Ange, et je continuai à discuter de cette relation qui l'occupait.

« *Kim ! Arrête ! Je dois lui dire quelque chose* » insista l'Ange.

Je lui répondis par télépathie, « Je vais arrêter, laisse-moi le temps de finir ! »

« *Non ! Arrête sur le champ ou j'arrête le magnétophone.* »

J'avais effectivement l'intention de communiquer cette information à ma cliente, mais je souhaitais simplement terminer ma conversation avec le premier Ange.

Il réitéra sa menace, « *Je vais arrêter le magnétophone !* »

Je savais, certes, que les Anges pouvaient communiquer avec nous, mais j'avais du mal à croire qu'un être spirituel pouvait manipuler des objets physiques tel que mon magnétophone.

Soudain, le magnétophone fit un bruit étrange et s'arrêta. Ma cliente très surprise se tourna vers moi, sans se douter de la conversation silencieuse qui se déroulait entre moi et son deuxième Ange.

Elle s'exclama, « *Notre séance n'est pas encore terminée ?* » « *Non* », répondis-je en lui précisant que quinze minutes seulement s'étaient écoulées depuis le début de la séance. J'examinai l'appareil à la recherche d'un problème technique.

« *Tu ne trouveras aucun dysfonctionnement dans cet appareil* » précisa le deuxième Ange. « *Vas-tu arrêter d'être aussi têtue et me laisser lui transmettre l'information que je souhaite lui communiquer ? Dès que tu seras prête à m'entendre, l'appareil se remettra en marche. »*

J'examinai l'appareil, tout semblait en parfait état de marche. Je vérifiai le cordon d'alimentation, il était bien branché à la prise. L'Ange reprit la parole.

*« Kim, dès que tu m'auras laissé livrer le message que je veux lui transmettre, l'appareil fonctionnera à nouveau immédiatement. »*

Toujours très sceptique quant à sa capacité à avoir une influence concrète sur les objets, et frustrée en raison de la panne de mon appareil qui avait toujours été fiable jusqu'ici, je donnai mon accord pour mettre le premier Ange « en attente » jusqu'à ce que j'aie transmis le message de l'Ange numéro deux. Je pris alors conscience que quand un être céleste dit qu'un message est important, c'est vraiment important.

J'expliquai à ma cliente qu'un autre Ange devait lui transmettre des informations importantes à propos d'un autre sujet, et elle donna son accord.

*« Merci »*, me dit l'Ange, et il commença à expliquer en détails ce qu'elle devait faire ce soir-là pour se protéger d'une intrusion probable dans son habitation.

L'Ange la mettait en garde contre un criminel en liberté conditionnelle à l'affût d'une victime dans son voisinage. Il avait vu ma cliente, alors qu'elle rentrait chez elle de son travail la veille et avait prévu de s'introduire chez elle au milieu de la nuit pour abuser d'elle. Le criminel avait déjà commis de nombreuses exactions, si bien qu'il s'était recouvert le visage d'un masque, il portait des gants pour ne pas laisser derrière lui d'empreintes compromettantes et avait prévu un préservatif pour ne pas laisser des traces de fluides corporels nécessaires à des tests ADN. Il aurait pu ne jamais être appréhendé pour son terrible crime car ma cliente aurait été impuissante pour l'identifier.

Son Ange lui dit de ne pas rentrer chez elle ce soir-là et de dormir chez une amie. Le lendemain, elle rentra chez elle après le travail avec un dispositif de sécurité bon marché pour ses portes et ses fenêtres qu'elle avait trouvé dans un grand magasin. En outre, son frère resta avec elle jusqu'à ce que la menace soit passée et que le criminel en liberté ait été déplacé.

L'Ange était intervenu pendant la séance afin de protéger la sécurité de ma cliente qui n'aurait jamais rien su du danger qu'elle courait, jusqu'à ce que ne soit trop tard.

Le troisième incident est celui que je préfère partager, parce qu'il est tellement fantastique que je sais qu'il peut paraître incroyable.

Il y a plusieurs années, le soir du Nouvel An, on m'avait demandé d'intervenir dans une émission télévisée pour discuter de mes prédictions psychiques pour l'année suivante. C'était une journée froide, pluvieuse et venteuse et j'eus la chance de trouver une place de parking juste devant le bâtiment de la chaîne de télévision. Je saisis mon attaché-case et mon porte-monnaie sur le siège passager, ouvris mon parapluie, sortis de la voiture et me précipitai dans le bâtiment.

    Je fus à l'antenne pendant une heure et j'étais très heureuse parce que tout s'était déroulé sans problème. Après l'émission, je restai un moment avec mon hôte que je connaissais de précédentes émissions, et nous discutâmes de ce que nous avions prévu pour le reste de la soirée. Puis, je repris mon attaché-case, mon porte-monnaie et mon parapluie et me dirigeai vers le couloir.

    Tout en marchant, je cherchai mes clés dans mon sac. Je ne les voyais nulle part. Prise de panique, je les cherchai dans mon attaché-case et dans les poches de ma veste. Toujours pas de clés. J'étais vraiment désespérée, car je n'avais qu'un jeu de clés de mon appartement, de mon bureau et de ma voiture et elles étaient toutes sur le même porte-clés.

    Et pour envenimer les choses, le système de sécurité de ma voiture fermait toutes les quatre portes immédiatement après ma sortie du véhicule.

    Soudain, je me souvins exactement de l'endroit où j'avais laissé mes clés. Je les avais posées sur le siège passager, alors que je prenais mon sac et mon attaché- case, et je ne les avais plus eus en main depuis ! Mes clés étaient enfermées en sécurité à l'intérieur de ma voiture.

    Totalement frustrée, je consultai ma montre et paniquai. J'étais attendue sur une autre chaîne de l'autre côté de la ville. Que faire ? Comment expliquer cette gaffe aux deux présentateurs de l'émission qui m'était consacrée ? Leur dire que j'avais enfermé mes clés à l'intérieur de ma voiture ? Cela ressemblait à une mauvaise blague psychique.

Je décidai rapidement que je n'avais pas d'autre choix que de prendre un taxi et je m'occuperais des clés plus tard. Lorsque j'entendis un de mes Anges me suggérer, « *Kim, pourquoi ne sors-tu pas pour chercher ta voiture ?* ».

« *Que veux-tu dire, sortir chercher ma voiture ? répondis-je par télépathie.* « *Pour aller sous la pluie ? Mes clés sont à l'intérieur !* »

« *Kim, sors et va chercher ta voiture* » dit-il patiemment. « *Nous savons que tu as laissé ton trousseau de clés sur le siège passager et nous nous sommes déjà occupés de tout.* »

« *Que veux-tu dire ?* « *Occupés de tout* » *? Est-ce que tu te rends compte de ce que j'ai fait ? Je n'ai pas le temps de te parler maintenant ! Je dois appeler un taxi.* »

« *Kim, sors et va chercher ta voiture ! Maintenant ! Nous nous sommes occupés de tout !* »

Je ne comprenais pas vraiment ce qu'ils auraient pu faire pour m'aider, mais je leur faisais totalement confiance et je savais que leur priorité était mon bien-être. Je me sentais stupide et j'étais désespérée, je pris mon sac et mon attaché-case, ouvrit mon parapluie et quittai le bâtiment de la chaîne.

L'Ange me conseilla, « *Regarde à l'arrière de ta voiture* ».

Je n'avais aucune idée de ce qu'il voulait dire, au

loin à travers la pluie, je vis de la fumée qui s'échappait du pot d'échappement de ma voiture. Ma voiture était prête à partir !

Mon Ange m'annonça en douceur, « *Nous la réchauffons pour toi.* »

« *Mais j'avais laissé mes clés sur le siège !* »

« *Nous le savons. A l'avenir, il faudra être plus prudente.* »

Totalement incrédule, j'arrivai à ma voiture, mais soudain, j'hésitai. Je savais que la porte serait fermée, et si je tirai trop fortement sur la poignée, l'alarme se déclencherait.

Mon Ange, m'encouragea, « *Vas-y et ouvre la porte* ».

« *Mais je sais qu'elle est fermée.* »

« *Elle l'était, mais nous l'avons ouverte pour toi.* »

« *Mais comment... ?* »

« *Kim ! Monte dans ta voiture ! Maintenant ! Ou tu vas être en retard pour ta prochaine émission de télévision !* »

Sa voix retentissait comme celle d'un sergent, cet Ange m'enjoignait de passer à l'action. Je saisis doucement la poignée de la porte, et comme l'Ange me l'avait promis, elle s'ouvrit immédiatement. L'alarme ne se mit pas en marche. Je me précipitai dans la voiture chauffée et trouvai mes clés dans le contact.

## *Communiquer avec une personne décédée que l'on a aimée*

Si vous avez perdu quelqu'un que vous aimiez, permettez-moi d'accepter mes sincères condoléances. J'ai moi-même perdu plusieurs personnes qui m'étaient chères et je comprends votre douleur pendant tout le processus de deuil.

Je pense que lorsqu'une personne que l'on aimait nous quitte pour le plan spirituel, nos vies s'en trouvent à jamais et irrévocablement bouleversées et nous n'avons d'autre choix que d'accepter et de nous adapter à cette perte sur le plan physique.

C'est extrêmement difficile d'être brusquement obligé de vivre sans la chaleur, l'amour et la tendresse d'un proche. La perte est beaucoup plus traumatisante et difficile à comprendre si elle survient suite à un accident, à un crime violent ou à une maladie dévastatrice.

De même, beaucoup de personnes sont surprises de constater à quel point cela peut être très traumatisant de perdre un ami ou un parent avec lequel elles n'avaient pas particulièrement de relation positive. Elles se retrouvent sérieusement prises de remords, parce qu'elles n'ont pas essayé d'exprimer leurs sentiments ou de résoudre des problèmes personnels avec les personnes décédées, et sont passées à côté de toute occasion de le faire.

Communiquer avec un être aimé décédé est la forme de channeling la plus chargée émotionnellement et elle nécessite beaucoup de force et de courage.

Certes, nous appartenons tous au même univers et les êtres décédés que nous avons aimés restent près de nous et sont disponibles pour communiquer avec nous, notre relation avec eux se trouve amplement modifiée lorsqu'ils retournent sur le plan spirituel. Etant donné qu'ils se débarrassent de leur corps physique, nous ne pouvons plus avoir une quelconque interaction physique.

Nous devons travailler pour établir de nouvelles relations avec les personnes que nous avons aimées dans leur nouvelle existence en tant qu'êtres spirituels. Nous pouvons le faire en développant nos facultés de channeling et en nous réconfortant à l'idée qu'ils sont toujours disponibles pour nous et qu'ils peuvent toujours faire partie de notre vie.

En réalité, les personnes décédées qui nous sont chères n'ont pas, la plupart du temps, l'intention de nous abandonner ou de nous oublier, simplement parce qu'elles se sont déplacées sur le plan spirituel. Le plus souvent, elles ont un énorme instinct de protection envers nous, elles nous soutiennent et nous aiment.

Lorsque vous aurez commencé à pratiquer le channeling, vous serez de plus en plus sensible à leur indéniable présence, ce qui vous permettra, si vous le souhaitez, d'entendre réellement leur voix et de les « revoir » sous une forme physique tangible.

On me demande souvent d'entrer en communication avec une personne décédée afin de leur transmettre certaines informations et d'en recevoir.

Dans le cadre de mon travail de channeling, j'établis une communication à double sens entre le client et ses Anges gardiens. Souvent, mon client ne sait rien des Anges gardiens, si bien que je dois d'abord les leur présenter et leur expliquer que chaque Ange travaille avec eux.

Cependant, quand je reçois une requête de channeling relative à un être cher décédé de mon client, je demande le nom du défunt, l'âge approximatif de sa mort, et la cause du décès telle qu'elle figure à l'écrit sur le certificat de décès. Ces informations me permettent de « cerner » la personne avec laquelle je souhaite discuter sur l'autre plan et de la distinguer des autres.

Quand le défunt me rejoint ainsi que mon client, il commence immédiatement à me transmettre les informations qu'il souhaite que je communique à ceux qu'ils aiment.

Il arrive que le défunt se plaigne de devoir dépenser beaucoup d'énergie pour essayer de faire comprendre leur présence spirituelle à ceux qui restent sur le plan physique, mais sans résultat. Les personnes endeuillées qu'ils aimaient sont trop proches émotionnellement ou trop ignorantes du processus de channeling pour pouvoir percevoir leur énergie spirituelle.

Dans ce type de channeling, une dynamique très intéressante se produit quand un client demande au défunt de répéter quelque chose de très personnel dont ils sont seuls à être au courant. Le défunt se sent parfois pressé par le temps, car il sait que nous ne disposons que d'une heure dans mon bureau pour la séance de channeling privée.

Il voudrait parfois révéler des informations plus importantes qu'un petit nom romantique ou ce qu'il lui a offert l'année précédente pour Noël.

Cette situation est merveilleusement illustrée dans le film Ghost, dans lequel le médium Ida Mae Brown essaye de transmettre le message « *Je t'aime* » du défunt Sam Rice à sa veuve, qui répond avec une certaine suspicion, « *Sam n'aurait jamais dit une chose pareille.* » Il n'aurait peut-être jamais dit cela de son vivant, mais je peux vous dire qu'il le dit en ce moment même !

Par exemple, combien de fois vous êtes-vous réjoui à l'avance de voir un ami parce que vous aviez quelque chose d'important à lui dire, et avez découvert qu'il pensait que ce qu'il avait à dire était encore plus important, et vous avez eu du mal à placer un mot ?

Vous pouvez vivre exactement la même situation en pratiquant le channeling avec un défunt que vous chérissiez. Vous souhaiteriez aborder différents sujets avec lui et vous découvrez qu'il a un tout autre programme à l'ordre du jour. Quand vous pratiquez le channeling, je vous recommande de vous adapter à vos

Anges, car ce qu'ils ont à vous dire sera très important. N'oubliez pas qu'ils sont sur le plan spirituel et ont accès à beaucoup plus d'informations intuitives que vous.

Au cours d'une séance avec une patiente, son défunt mari lui dit :

Cliente : « *Prouve-moi que c'est bien toi, Harold* ».

Défunt : « *Je t'aime et tu me manques, chérie. Ecoute, je suis inquiet à propos de mon assurance-vie. La compagnie d'assurance essaye de t'induire en erreur.* »

Cliente : « *Harold, dis-moi ce que tu disais toujours juste avant d'aller te coucher.* »

Défunt : « *Muriel, je t'en prie, écoute-moi. Le contrat d'assurance se trouve dans le tiroir supérieur à droite de mon bureau. Prends-le et apporte-le à Sol, l'avocat avec lequel nous avons dîné juste avant ma crise cardiaque.* »

Cliente : « *Mais Harold, comment savoir que c'est vraiment toi ? A propos de quoi avons-nous eu des mots juste avant que tu aies ta crise cardiaque ?* »

Défunt : « *Et chéri, veux-tu bien donner mon pardessus beige en peau d'agneau à ton frère, Tom. Il en aura besoin cet hiver. Ils ne le savent pas encore, mais lui et sa femme Shirley vont déménager dans l'Idaho. Sa société va le transférer.* »

Cliente : « *Harold ! Prouve-moi que c'est vraiment toi ! Où se trouve ma tâche de naissance que tu aimais tant ?* »

**Défunt :** « *Mon Dieu, Muriel, écoute-moi, s'il te plaît ! Je ne te l'ai jamais dit, parce que je voulais te faire une surprise –regarde ma veste en tweed bleue dans le placard. Dans la poche intérieure, tu trouveras un relevé de banque. J'ai ouvert un compte spécial et j'ai fait des économies pour pouvoir t'emmener en France. Utilise cet argent pour terminer de payer la voiture. Tu n'as pas payé depuis deux mois et je suis inquiet.* »

**Cliente :** « *Harold ! Je vois que rien n'a changé ! Tu ne m'écoutes toujours pas...* »

Dès que vous aurez décidé que vous êtes émotionnellement prêt à reprendre la communication avec une personne aimée qui existe à présent sur un autre plan, vous utiliserez les mêmes techniques de channeling que vous utiliseriez pour parler à vos Anges gardiens.

Le procédé est très simple. Sur une feuille de papier, inscrivez le nom du défunt, l'âge approximatif de sa mort, et si vous le savez, la cause de sa mort telle qu'elle apparaît sur le certificat de décès. Si vous ne disposez pas de toutes ces informations, inscrivez celles que vous connaissez.

Ces données essentielles que vous communiquerez permettront de « retrouver » votre amour défunt n'importe où dans l'univers.

Dès que votre être cher sera entré en contact avec vous, il commencera à communiquer et vous fournira des informations en utilisant la même méthode utilisée par les Anges.

Vous recevrez des informations de votre être chéri par des « flash intuitifs », en entendant des voix, ou par des représentations visuelles que vous « verrez » mentalement, comme nous l'avons expliqué dans le Chapitre Quatre.

La liste suivante répertorie les questions les plus souvent posées par mes clients quand nous pratiquons une séance de channeling avec un ami ou un membre de la famille décédé. Lorsque vous aurez établi la communication avec votre être cher défunt, vous souhaiterez peut-être poser l'une des questions suivantes :

- Est-ce que tu vas bien maintenant ?
- Qu'est-ce que cela fait de se débarrasser de ton corps physique ?
- As-tu apprécié ta cérémonie funéraire ?
- Que veux-tu que je fasse de tes effets personnels ?
- Etant donné que tu n'avais pas fait de testament, il y a beaucoup de disputes dans ta famille. Que souhaites-tu faire de tes biens immobiliers ?
- Qu'as-tu éprouvé lors de ton voyage sur l'autre plan ?
- Que penses-tu de l'endroit où tu te trouves ?
- Est-ce si merveilleux qu'on le dit ?
- Où habites-tu sur l'autre plan ?
- Avec qui habites-tu ?
- Comment t'occupes-tu ?

- Quelle est ta nouvelle mission dans ta vie ?
- Est-ce que tu me vois parfois ? Quand ?
- Comment puis-je être plus sensible à ta présence spirituelle ?
- Apparaîtras-tu de manière tangible devant moi pour que je puisse te voir ?
- As-tu vu tante Anna (ou tout autre ami ou membre défunt de votre famille) ?
- As-tu accompli tout ce que tu souhaitais quand tu étais ici sur le plan physique ?
- Seras-tu là quand je te rejoindrai dans plusieurs années, ou seras-tu parti pour une autre vie sur le plan physique ?
- Dans ce cas, sais-tu quand tu reviendras sur le plan physique et où tu vivras ?
- Partagerons-nous ensemble une autre vie ?
- Es-tu maintenant un de mes Anges gardiens ?
- Souhaites-tu me dire autre chose ?
- Souhaites-tu dire quelque chose aux enfants, à tes parents, à ton meilleur ami, etc. ?

# CHAPITRE 6

# Développer la Conscience de Soi

## *La Coïncidence, Un Phénomène Unique*

Savez-vous que tout ce qui vous arrive dans votre vie se produit pour une raison très particulière et importante ?

Il n'existe pas de phénomène semblable à la coïncidence dans l'univers, car tout ce qui se produit dans votre vie est une expérience d'apprentissage précieuse afin de vous aider à gagner en maturité, en sagesse et de vous faire progresser sur la voie de l'évolution spirituelle.

Si vous vous êtes déjà entendu dire, « *Je n'ai pas de chance !* » ou « *Dès que j'ai résolu un problème, un autre survient !* » ou « *Pourquoi est-ce que cela n'arrive qu'à moi !* », vous oubliez quelque chose !

Par exemple, revenez sans cesse sur le plan physique, une vie après l'autre pour assumer deux types de responsabilités distinctes.

Premièrement, vous avez une mission à accomplir au cours de votre vie. Et deuxièmement, vous avez certains problèmes à résoudre.

Les problèmes représentent l'étoffe de l'expérience humaine. Tout être humain débute sa première vie sur le plan physique avec le même nombre de problèmes à résoudre.

C'est pourquoi nous connaissons tous les mêmes épreuves, les mêmes défis et les mêmes difficultés pour pouvoir évoluer en tant qu'être humain responsable et spirituel.

Nos Anges restent à nos côtés, ils nous offrent leurs conseils et leur protection, supervisent tous les problèmes auxquels nous devons être confrontés et que nous devons essayer de résoudre. Si nous sommes ouverts à leur communication avec nous, les Anges peuvent nous aider à progresser de manière beaucoup moins douloureuse, confuse et plus rapidement.

Pourquoi devons-nous expérimenter personnellement tous nos problèmes ? Pourquoi ne pouvons-nous pas développer une conscience instantanée ou une illumination grâce aux Anges, à un manuel ou par l'expérience d'autres personnes ?

Chaque vie successive sur le physique nous offre la possibilité de tous les résoudre. Quand nous aurons résolu tous ces problèmes, nous atteindrons les niveaux les plus élevés de l'illumination et nous ne devrons plus revenir sur le plan physique. Nous pourrons alors rester sur le plan céleste pour l'éternité.

Même si nous nous considérons comme très sensibles aux sentiments des autres personnes, nous ne pouvons vraiment comprendre un événement ou une situation particulière à moins de l'avoir rencontrée.

Par exemple, en faisant du patin à glace à la patinoire, vous vous fracturez le tibia. Après avoir souffert pendant plusieurs mois, vous commencez à guérir. Puis vous entendez que votre beau-frère est tombé d'une échelle en peignant sa maison et s'est fait plusieurs fractures au dos. Vous imaginez facilement ce qu'il doit ressentir, car vous avez subi la même épreuve et vous ressentez beaucoup de compassion à son égard. Ou bien votre mari et vous venez de déménager, une violente tempête endommage une partie de votre toit. La compagnie d'assurances vous a remboursé en totalité les dégâts, mais depuis vous ne cessez de faire des cauchemars liés à cette expérience. Une année plus tard, vous voyez un reportage à la télévision à propos d'une violente tempête qui a dévasté une petite ville. Vous ressentez de l'empathie pour ces personnes car vous avez également traversé cette épreuve. Au lieu de nier cette épreuve, parce que ce sont des étrangers, vous ressentez une profonde compassion pour ces personnes, car ce sont des victimes comme vous l'avez vous-même été.

Ou peut-être que vous aimeriez créer votre propre entreprise depuis de nombreuses années. Finalement, vous décidez de vous lancer et de créer votre atelier de confection et il devient très réputé. Vous avez le sentiment d'avoir réussi, car vous savez que vous fournissez un emploi à des centaines de personnes. Vous appréciez la stimulation mentale que vous ressentez après avoir réussi à relever un défi dans le milieu des affaires. Vous peaufinez votre capacité à prendre des décisions. Vous avez réussi à vous assurer une sécurité qui vous permet de vivre une retraite « aisée », ainsi que la possibilité de donner d'importantes sommes d'argent à des organisations caritatives. Puis, en lisant la presse financière, vous tombez sur un article retraçant le parcours d'une femme qui a connu la même réussite que vous et vous éprouvez le même sentiment de satisfaction et de réalisation qu'elle, parce que vous avez atteint les mêmes objectifs professionnels.

Vous et votre mari avez peut-être entendu les récits de vos amis décrivant leur expérience de la grossesse, du travail, de l'accouchement et sur l'éducation d'un enfant. Vous les avez écoutés et avez partagé leur bonheur. Puis, arrive le jour où vous découvrez que vous êtes enceinte. Vous et votre mari vivez la grossesse, le travail et l'accouchement. Vous commencez à élever votre enfant ensemble. A présent, vous savez ce qu'est réellement un accouchement, uniquement parce que vous l'avez vécu personnellement.

Chaque être humain entame sa première vie sur le plan physique avec le même nombre de problèmes à résoudre, mais la rapidité avec laquelle nous les résolvons est déterminée par notre force, notre conscience et notre courage à faire face aux défis la tête haute sans les faire disparaître sous un tapis ou sans sombrer dans des schémas de déni.

Pendant que nous sommes encore au ciel et avant de nous embarquer pour une nouvelle vie sur le plan physique, nous décidons pour nous-mêmes les problèmes particuliers que nous ciblons afin de les résoudre. Les épreuves que nous décidons de traverser détermineront l'identité de nos parents et de nos frères et sœurs, la situation économique de notre famille, l'endroit du monde dans lequel nous vivrons et notre sexe.

Après avoir déterminé tous ces facteurs, nous choisissons d'autres personnes déterminantes avec lesquelles nous pourrons interagir, y compris des amis proches, les conjoints, les partenaires d'affaires à long terme, et des maîtres et des mentors importants que nous avons déjà connus, pour la plupart, dans des vies antérieures.

Nous devons choisir toutes les personnes avec lesquelles nous interagirons, car elles nous offrent de merveilleuses occasions de surmonter ces problèmes. Nous sélectionnons les personnes qui nous offriront les meilleures expériences d'apprentissage et qui nous enseigneront rapidement et de manière optimale ce pour quoi nous sommes venus ici dans chacune de nos vies.

Très souvent, nous devons apprendre différentes formes d'expérience humaine en surmontant des épreuves difficiles. Le plus souvent, nous apprendrons d'autant plus rapidement que les situations seront gênantes, désagréables et perturbantes. C'est pourquoi nous choisissons parfois des personnes particulièrement difficiles avec lesquelles nous interagissons, et dont les problèmes coïncident avec les nôtres. Elles nous permettent d'apprendre plus rapidement et nos relations avec elles sont les plus précieuses d'un point de vue spirituel.

Par exemple, imaginez que vous avez un parent qui vous maltraite, ne cesse de vous critiquer et vous prédit que vous n'arriverez jamais à rien. Vous avez grandi en entendant ce barrage acharné de désapprobation et vous finissez par croire que ce que votre parent vous disait est vrai. Vous avez emmagasiné toute une série de « refrains négatifs » que vous ne cessez de vous répéter bien après avoir quitté le domicile de vos parents, vous rappelant à quel point vous êtes insignifiant et inutile.

Puis vous choisissez une épouse qui continue de vous maltraiter de la même manière que votre parent.

Après avoir appris que nous choisissons nos parents, vous pourriez vous demander, *« Pourquoi choisirais-je un père ou une mère qui me maltraiterait ? Qui pourrait choisir une telle vie ? »*.

Vous ne choisissez pas vos parents par hasard. Vous avez choisi un parent offensant afin d'en tirer des enseignements précieux sur votre estime-de-soi, votre propre valeur et de fixer des limites avec un parent abusif. Si vous n'avez pas totalement achevé votre travail et résolu ces problèmes avant de quitter le domicile de vos parents en tant que jeune adulte, vous pourriez choisir inconsciemment un partenaire critique ou qui vous aurait maltraité de la même manière et qui vous aurait aidé à finir le travail que vous avez commencé avec votre parent. Vous choisissez une personne qui pourrait vous aider au mieux de régler ce problème que vous devez solutionner au cours de cette vie.

Votre apprentissage passe-t-il par une voie difficile ? La vie doit-elle être une série successive d'expériences difficiles et d'apprentissages traumatisants ?

Pas du tout !

Nous pouvons résoudre ces problèmes de manière beaucoup plus facile et plus rapide afin d'éviter de nombreux conflits et douleurs émotionnels. Plus nous prendrons conscience de nos problèmes et nous nous efforcerons de les résoudre, plus nous pourrons nous détourner rapidement des douleurs émotionnelles.

La nature de notre enfance n'est pas le fruit du hasard. Nous choisissons notre famille pour qu'elle puisse nous aider à résoudre des problèmes et évoluer d'un point de vue spirituel.

La nature de notre mariage n'est pas non plus accidentelle. Nous choisissons notre partenaire afin de nous aider à résoudre des problèmes et de nous faire progresser spirituellement.

Le travail que nous choisissons nous permet également de résoudre des problèmes et d'améliorer notre nature spirituelle, tout comme notre condition physique. Nous choisissons notre condition ou nos maladies passées, présentes et futures pour trouver des issues à nos problèmes et pour développer notre conscience spirituelle.

Si votre voiture tombe en panne, ce n'est pas uniquement très gênant. Cela n'arrive pas par hasard. Si vous gagnez au Loto, ce n'est pas simplement parce que vous avez beaucoup de chance. Il y a une raison à cela. De même, si vous recevez un appel téléphonique d'un ami dont vous n'aviez plus de nouvelles depuis des années, cette conversation a un objet particulier. Si vous perdez votre travail, ce n'est pas pour anéantir votre vie. C'est simplement parce que quelque chose de mieux doit vous attendre quelque part. Si vous vous cassez la jambe en faisant du ski, ce n'est pas uniquement à cause de votre maladresse ou de la malchance.

Tout ce qui vous arrive dans votre vie se produit pour une raison particulière. Les coïncidences ou les accidents n'existent pas dans l'univers.

Etant donné que tout événement ou situation que vous vivez est justifié, prenez la décision de reconnaître l'expérience d'apprentissage qu'elle vous offre, et surmontez cette situation aussi rapidement que possible.

Pour vous permettre de mieux comprendre qu'il n'y a pas de coïncidences, je vous recommande d'utiliser la liste suivante pour prendre davantage conscience des raisons qui sous-tendent vos futurs problèmes et défis :

1. Interrogez vos Anges pour connaître les points sur lesquels vous devrez effectuer un travail au cours de cette vie. Demandez-leur quels problèmes vous avez déjà résolus et lesquels doivent encore trouver une solution à l'avenir.
2. Après avoir pris conscience de vos problèmes, vous commencerez à comprendre pourquoi vous avez choisi d'avoir telle ou telle relation avec les personnes qui jalonnent votre vie, et comment elles constituent des expériences d'apprentissage nécessaire pour vous aider à résoudre des problèmes particuliers.
3. Quand vous rencontrez une situation difficile ou inattendue, vaus saurez que cela n'arrive pas par hasard. Au lieu de vous demander, *« Pourquoi est-ce que cela n'arrive qu'à moi ? »,* et de gaspiller votre précieuse énergie en crise de colère ou de frustration, transformez votre question en, *« Que suis-je censé apprendre de cela ? ».*

En considérant ainsi chaque obstacle susceptible de vous barrer la route, qu'il s'agisse d'un problème conséquent ou anodin, vous comprendrez immédiatement les raisons d'un problème particulier, et vous aurez les ressources pour trouver les solutions plus rapidement. Si vous souscrivez à cette philosophie des « bénédictions déguisées » et si vous pensez que tout survient dans votre vie pour vous servir au mieux, vous aurez développé un tout nouvel outil très productif avec lequel vous pourrez résoudre vos problèmes plus rapidement et avec beaucoup moins de souffrances. Votre apprentissage ne passera plus par les épreuves !

## *L'Appel à l'Eveil*

Qu'arrive-t-il si vous décidez de ne pas souscrire à la théorie du « rien n'arrive par hasard » et si vous vous retrouvez régulièrement plongé dans des schémas incessants de spirales émotionnelles improductives, d'attentes désespérées et de sombre confusion.

Que se passe-t-il si vous ne prenez pas conscience des problèmes que vous devez résoudre ou des objectifs de votre vie ?

Vous êtes alors susceptible de recevoir un appel à l'éveil qui est une incitation à l'action orchestrée par vos Anges afin de vous aider à progresser. C'est comme si on vous frappait sur la tête avec un poêlon en acier.

L'appel au réveil est un catalyseur nécessaire qui se manifeste par un événement précis et clair ou une série d'incidents qui bouleversent notre vie de manière radicale et qui nous permettent finalement d'atteindre une meilleure qualité de vie pour nous-mêmes et pour les autres.

Très souvent, nous recevons un appel au réveil après avoir atteint un certain niveau d'expérience, de sagesse et d'épanouissement pour accomplir une mission spirituelle importante, mais nous ne sommes pas conscients de ce que nous devons accomplir et il nous faut un catalyseur afin de nous éveiller à notre objectif.

Lorsque nous recevons un appel au réveil, il n'a pas pour unique but de nous éveiller à un objectif spirituel, mais il nous apporte également l'énergie nécessaire pour poursuivre sans relâche l'objectif particulier que nous devons atteindre.

Nous sommes entourés par des personnes qui reçoivent des appels à l'éveil. Nous les entendons souvent décrire leur catalyseur comme un événement négatif ou inattendu comme par exemple une blessure, une maladie ou la perte d'un emploi.

Un événement inattendu, telle que la perte d'un emploi, bien que traumatisant au départ peut constituer un appel à l'éveil afin de réorienter un individu vers une carrière plus satisfaisante, peut-être pour créer sa propre entreprise.

Un appel à l'éveil est un événement qui survient

dans le but de recentrer notre attention sur une mission dont nous n'aurions jamais pu prendre conscience par ailleurs. Il constitue un catalyseur émotionnel qui nous pousse à réaliser l'objectif particulier pour lequel nous sommes nés.

Après avoir vécu un appel au réveil, nos Anges nous aident à nous remettre d'une épreuve, quelle que soit sa difficulté. Nous en sortons plus fort, plus déterminés et plus conscients que nous ne l'aurions jamais été sans catalyseur.

Par exemple, une personne qui doit affronter une grave maladie décide de recentrer son attention. Elle décide de défendre une cause, de se battre pour que les compagnies d'assurances augmentent leurs remboursements et pour éviter que d'autres personnes ne ressentent ces frustrations.

Une blessure handicapante temporaire permet à une autre personne de réfléchir à des problèmes issus de son enfance difficile et d'écrire un livre sur la guérison. Le temps que nous passons sur le plan physique est très limité et ce que nous pouvons accomplir dépend de la manière avisée dont nous passons notre temps si précieux, et dépensons notre énergie et nos ressources. Il est capital pour nous d'accomplir autant de choses que possible pendant que nous sommes sur le plan physique, afin de réaliser la mission de notre vie et de résoudre le plus de problèmes possible.

L'univers vous lancera un appel à l'éveil uniquement si vous continuez d'ignorer votre objectif particulier, et une intervention est alors nécessaire pour nous faire avancer de manière productive.

Au début du vingtième siècle, une femme perdit sa sœur adoptive qui se suicida après avoir découvert qu'elle était une enfant illégitime. Quelques années plus tard, cette femme se maria et donna naissance à un fils qu'elle perdit lors d'un tragique accident alors qu'il était encore tout petit.

Ces deux événements traumatisants représentèrent les deux appels à l'éveil qui incitèrent Adna Gladney à créer Le Foyer des Enfants du Texas, dans lequel elle accueillit plus deux mille enfants avec leur famille adoptive. Par ailleurs, elle mena un combat victorieux pour que l'on retire le mot « illégitime » des registres officiels.

## *L'importance de la synchronisation*

Lorsque vous aurez compris pourquoi un événement difficile ou inattendu survient dans votre vie, vous devrez également vous demander pourquoi cela arrive à ce moment précis.

Il n'y a pas de coïncidences dans l'univers. Votre conscience de la notion de temps joue un rôle crucial si vous souhaitez réussir dans tous les domaines de votre vie. Afin de vous garantir le succès, l'univers évitera de vous présenter des personnes ou des opportunités professionnelles avant que ce ne soit le bon moment.

L'un des aspects les plus frustrants de notre existence sur le plan physique est de devoir patienter pour atteindre un objectif personnel ou professionnel que l'on attend depuis longtemps, avec discipline et une fermé détermination.

Il arrive souvent que nous nous sentions plus que prêts pour une opportunité et que nous devions patienter jusqu'à ce que nos Anges jugent le moment propice.

Cela arrive souvent pour mes clients au cours de séances privées dans mon bureau, et qui reçoivent des informations de leurs Anges qui leur prédit que l'Homme ou la Femme de leur vie n'apparaîtra dans leur vie que dans quelques années.

Les clients semblent découragés quand je leur transmets l'information intuitive que je reçois, les enjoignant d'attendre un certain temps qui leur semble infini avant de pouvoir rencontrer leur « moitié ». En général, ils répondent, « *Mais je suis prêt(e) pour lui/elle maintenant !* ».

Si c'était vraiment le bon moment, il ou elle ferait déjà partie de votre paysage ! Une bonne question à poser à vos Anges serait, « *Pourquoi est-ce que ce n'est pas encore le bon moment ? Pourquoi dois-je attendre ?* ».

Je trouve toujours fascinant et révélateur d'apprendre pourquoi mes clients doivent attendre. Cela peut être parce que votre « moitié » est toujours mariée et doit d'abord passer par un divorce. Cela peut être parce que votre « moitié » a actuellement un problème d'engagement, et que l'univers souhaite éviter les revers potentiels. Elle rencontre peut-être des difficultés financières et ne souhaite pas s'engager dans une relation sérieuse avant de pouvoir subvenir à ses besoins et à ceux d'une femme. La période d'attente peut également impliquer un problème qu'un client met un certain temps à résoudre.

Quand je fais part de l'attente à mes clients, ils sont la plupart du temps rassurés et très compréhensifs. Ils préfèrent attendre que leur « moitié » potentielle ait totalement résolu les problèmes ou le dilemme à l'origine du retard.

L'univers attendra pour faire apparaître « l'élu(e) » de votre vie au moment le plus propice à une réussite optimale de votre relation. Quand nous connaissons les raisons de cette attente, elle nous paraît plus facile à supporter et à comprendre.

Steven Spielberg répondait à une question posée par les médias, afin de savoir pourquoi il lui avait fallu autant de temps pour créer et produire son film *Holocauste*. Il expliqua, *« Si j'avais fait le film La Liste de Schindler il y a dix ans, j'aurais été ruiné »*.

Que pouvez-vous faire pour que le temps travaille pour vous ? En communiquant avec vos Anges, prenez conscience de tous les problèmes qu'il vous reste à résoudre au cours de cette vie et déployez tous vos efforts pour les affronter, les résoudre et en guérir. Si vous pensez que vous devriez avoir recours à une thérapie pour vous aider à résoudre vos problèmes, alors, précipitez-vous chez un bon thérapeute.

Si vous affrontez vos défis avec courage en vous demandant, *« Que suis-je censé apprendre de cela ? »*, vous enclencherez le processus de résolution des problèmes et d'accomplissement de mission spirituelle. Vous permettrez et vous encouragerez l'univers à accélérer le temps nécessaire pour vous présenter toutes les opportunités que vous souhaitez.

Nous pouvons parfois être surpris par une occasion inattendue qui se présente à nous. Nous ne devons pas oublier que l'univers ne nous présente jamais une opportunité avant que nous ne soyons totalement capable et prêt spirituellement à l'accepter.

Cependant, quand des opportunités inattendues se présentent, nous devons impérativement « sauter sur l'occasion ».

Des opportunités que nous n'avons pas anticipées ou prévues peuvent souvent passer inaperçues quand elles « tombent entre nos mains », parce que nous passons beaucoup de temps et d'énergie à nous concentrer sur les autres opportunités que nous essayons de concrétiser. Il arrive que les opportunités les plus intéressantes se manifestent alors que nous planifions et travaillons afin d'atteindre un objectif totalement différent.

A d'autres moments, nous pouvons parfaitement reconnaître une opportunité inattendue quand elle se présente à nous, mais nous manquons de confiance, d'énergie ou de désir pour progresser.

Par exemple, mes Anges ne cessent de me demander d'organiser des séminaires pour apprendre aux clients à pratiquer le channeling. Pendant trois ans, mes Anges m'ont encouragée à tirer parti de ces opportunités, mais j'hésitais en raison de ma timidité et de ma peur de parler en public. Ils ont fini par me convaincre d'organiser des séminaires pour les Anges en avançant que les conférences représentaient une partie importante de ma vie. Le fait de m'exprimer devant une salle remplie de spectateurs était totalement inattendu, mais j'ai également saisi cette occasion pour apprendre à de nombreuses personnes à communiquer avec leurs Anges gardiens, ce qui me valut en retour un énorme sentiment de récompense, de réalisation et de satisfaction.

Qu'advient-il si nous ne saisissons pas les occasions qui se présentent à nous, qu'elles soient attendues ou inattendues ? Elles seront perdues.

On nous alloue un certain temps et pendant ce temps, nous devons commencer à profiter de l'opportunité qui nous est donnée, sinon, elle sera transmise à quelqu'un d'autre.

Par exemple, un homme rencontre une femme qui est son âme sœur par hasard, elle représente une parfaite relation potentielle de cœur, de corps et d'esprit qui pourrait culminer en un mariage merveilleux. A ce moment, il n'était pas conscient de la magnifique opportunité qui lui était offerte par l'univers. Il la reconnut comme son âme sœur, mais il hésita tellement

à lui demander sa main qu'il finit par la perdre. Il a laissé expirer le temps qui lui était alloué, et il a raté l'opportunité qui lui avait été offerte d'épouser une merveilleuse femme qui rencontra un autre homme.
Lorsque nous prenons davantage conscience de l'importance de la synchronisation et de saisir les opportunités au bon moment, nous nous ouvrons la voie du succès dans la poursuite du bonheur et de l'accomplissement.

## *Comment réaliser quelque chose*

Se manifester, c'est concrétiser nos désirs les plus chers aussi bien pour nous-mêmes que pour les autres, cela peut être un événement que nous souhaitons voir se réaliser, une opportunité que nous souhaitons ou l'abondance financière que nous souhaitons pour pouvoir bénéficier d'une certaine aisance matérielle.

Il nous appartient de communiquer directement nos rêves et nos aspirations à nos Anges gardiens lorsque nous pratiquons le channeling et de leur faire comprendre précisément ce que nous essayons d'atteindre afin qu'ils puissent œuvrer derrière la scène et nous aider à progresser plus rapidement.

Un élément très important du processus de manifestation consiste à faire participer vos Anges à la mise en place de vos objectifs. Si vous essayez d'obtenir quelque chose qui ne vous est pas destiné, même si vous déployez tous vos efforts, ils ne seront pas récompensés. Vos Anges peuvent vous aider à déterminer des objectifs réalistes afin que vous investissiez votre énergie de manière rationnelle.

La nature des objectifs que nous pouvons réaliser grâce au processus de la manifestation est illimitée, y compris ceux qui représentent nos besoins essentiels émotionnels, physiques, spirituels, psychiques et financiers. Nous pouvons communiquer nos besoins en pratiquant le channeling seul dans notre salon ou en faisant partie d'un groupe dont les efforts conjoints peuvent engendrer d'importants changements pour les participants et même pour les personnes extérieures à ce groupe. Nous avons la merveilleuse opportunité de nous manifester et de représenter ceux que nous aimons et chérissons.

Nous pouvons nous manifester pour aider les autres à améliorer leur qualité de vie loin de la maladie, des blessures, des addictions, des dysfonctionnements, de la pauvreté et de l'ignorance spirituelle.

J'ai découvert le fait de se manifester il y a quelques années, quand j'ai ouvert mon cabinet de médium psychique. J'avais déjeuné avec une autre médium et elle se plaignait que sa voiture était de moins en moins fiable. Elle évoqua son intention de s'acheter une nouvelle voiture et elle allait entamer le processus de manifestation afin de la recevoir.

Je n'avais pas la moindre idée de ce dont elle parlait et je lui demandai des explications. Elle me décrivit le processus et j'eus beaucoup de mal à le croire. Mon scepticisme naturel me poussa à considérer tout cela comme une perte de temps et d'énergie précieux, mais je ne voulais pas la blesser et m'abstins de lui en faire part.

Lorsque je la revis, quelque temps plus tard, elle mentionna sa nouvelle voiture et comment elle l'avait acquise, comment elle l'avait prévue grâce au processus de manifestation. Elle me précisa qu'elle avait peaufiné sa capacité à pratiquer ce processus et qu'elle y avait recours pour réaliser tout ce qu'elle souhaitait.

Sa réussite piqua ma curiosité, mais j'étais perplexe sur certains points. Je pensais que nos Anges gardiens étaient là uniquement pour nous aider réaliser des missions spirituelles supérieures. Je n'avais jamais discuté avec les Anges de choses aussi matérialistes que l'acquisition d'une voiture ou de tout autre objet.

J'avais également du mal à croire que je pouvais obtenir ce que je désirais non pas par mon travail acharné, mais en « investissant de l'énergie dans l'univers », en communiquant ce que je voulais à mes Anges.

La manifestation semblait très efficace, du moins en théorie, si bien que je décidai de garder un esprit ouvert et de tester la théorie en pratique.

Depuis, j'ai réussi dans de nombreux domaines en transmettant mes désirs à mes Anges, comme par exemple la création d'une entreprise florissante qui me permet de réaliser le travail de ma vie, je participe régulièrement à une émission de radio, j'ai acheté une nouvelle voiture et j'ai écrit un livre !

Etant donné que je crois fermement à l'esprit de partage, j'ai transmis la technique simple, mais très efficace que j'ai mise au point à mes clients qui m'ont également rapporté avoir obtenu des résultats spectaculaires.

Si vous suivez mes instructions, vous réussirez à réaliser vos désirs les plus chers !

Toute la théorie de la manifestation repose sur le fait que vous devez communiquer à vos Anges vos désirs les plus chers. Ce processus peut prendre un certain temps au départ, en particulier si vous n'êtes pas un communicateur accompli.

Il vous suffit de dire précisément à vos Anges ce que vous voulez en des termes très spécifiques.

Avant de pratiquer le channeling avec vos Anges pour vous manifester, assurez-vous de prendre des décisions à propos de ce que vous souhaitez, pourquoi vous les souhaitez, le moment où vous les voulez, des objets matériels que vous aimeriez.

Il est très important d'écrire toutes vos préférences particulières afin de rester organisé et concentré sur vos objectifs. Cela permettra à vos Anges de comprendre exactement ce que vous essayez de leur communiquer.

Par exemple, vous souhaitez peut-être voir apparaître une opportunité professionnelle. Avant de vous adresser à vos Anges, voici ce que vous devriez écrire :

Je voudrais créer ma propre entreprise, car au plus profond de moi, je me sens une âme d'entrepreneur, et avoir mon entreprise me permettra d'offrir des emplois à d'autres personnes. Je veux fabriquer des pompes à vélo et les vendre dans mon propre magasin et par correspondance. Je voudrais ouvrir mon premier magasin dans un an au plus tard. (Précisez une date.) Je pense qu'il me faudrait vingt mille euros de capital de départ et j'aimerais que mes Anges m'aident à me les procurer.

Ou, si comme mon amie, vous souhaitez acquérir une nouvelle voiture, voici ce que vous pourriez écrire à vos Anges :

Je voudrais une nouvelle voiture parce que la voiture que j'ai actuellement n'est plus fiable. Je voudrais une Honda verte. (Précisez le modèle et l'année.) Je veux cette nouvelle voiture dans les prochains soixante jours. (Précisez une date.) Il me faut cinq mille euros et j'aimerais que mes Anges m'aident à les obtenir.

Vous souhaitez peut-être trouver « l'âme sœur ». Avant de formuler votre requête à vos Anges, voici ce que vous pouvez écrire :

Je veux rencontrer l'Homme ou la Femme de ma Vie pour entamer une relation amoureuse, spirituelle et physique, car je suis prêt(e) à présent à m'engager. J'aimerais qu'il/elle entre dans ma vie cet été. (Précisez un période ou une date.) J'aimerais me marier d'ici à l'année prochaine. (Précisez une date.) Vous devez également mentionner les qualités internes et externes que vous souhaitez qu'il ou elle possède.

Que s'est-il passé si vous avez fixé vos objectifs, vous vous êtes fortement manifesté, mais en vain ? Vous avez probablement commis une des deux erreurs les plus courantes. Tout d'abord, vous avez peut-être oublié de demander à vos Anges si la situation que vous désirez répond au mieux à vos intérêts. Deuxièmement, vous avez peut-être négligé une dynamique importante communiquée par vos Anges.

Un de vos objectifs est peut-être d'établir une relation avec l'homme qui vient d'emménager dans votre immeuble. Vous êtes toute bouleversée en ressentant l'alchimie qui s'opère en vous quand vous le voyez et vous entamez le processus de manifestation afin d'avoir l'opportunité de le rencontrer et de sortir avec lui. Les mois passent et il ne vous a même pas invitée à boire ne serait-ce qu'un café. Frustrée, vous entrez en contact avec vos Anges et leur demandez pourquoi vous ne semblez pas obtenir ce que vous souhaitez. Ils vous expliquent que cet homme n'est pas l'Homme de votre vie et que si vous entamez une relation avec lui, cela n'ira pas très loin. Ainsi, en essayant d'établir une relation qui ne mène à rien, vous perdriez totalement votre temps.

Supposons que vous haïssiez votre emploi et que vous ayez très à cœur de créer votre propre entreprise.

Vous êtes entré(e) en contact avec vos Anges qui vous ont confirmé que vous deviez vous mettre à votre compte. Vous créez une société de gadgets et vous vous manifestez tous les jours afin de réussir dans cette entreprise. Mais votre société n'est pas très florissante. Frustré(e), vous entrez à nouveau en contact avec vos Anges et leur demandez pourquoi vous obtenez si peu de résultats. Ils vous expliquent que vous étiez, certes, voué à créer votre entreprise, mais vous n'avez pas tenu compte de leurs instructions relatives à la création d'une société d'impression et avez plutôt décidé d'investir votre temps, votre énergie et vos ressources dans une société de gadgets. Même si vous avez travaillé dur pour créer votre société de gadgets, vous deviez entreprendre dans un autre domaine qui vous aurait apporté beaucoup plus de satisfaction, d'un point de vue personnel et financier.

Ne perdez pas votre énergie et votre précieux temps en dénigrement, et en essayant avec insistance de réaliser quelque chose qui n'est pas le meilleur choix ou la meilleure opportunité pour vous. Vous pourrez rencontrer des difficultés à mener à bien le processus de réalisation si vous vous concentrez sur une personne ou une chose qui, au bout du compte, ne vous rendrait pas heureux(se). Si vos tentatives de réalisation se soldent par des échecs, cela signifie que quelqu'un ou quelque chose vous attend et vous apportera beaucoup plus de satisfaction. Il vous suffira de demander à vos Anges de vous guider plus précisément et les chemins de la réussite vous seront ouverts, quel que soit votre souhait. Après avoir pratiqué le « channeling » avec vos Anges et avoir exprimé clairement ce que vous souhaitiez qu'ils vous aident à réaliser, vous devrez relire vos objectifs écrits tous les jours pendant au moins une minute, afin de réaffirmer votre détermination à atteindre et réaliser vos désirs.

Quand vous aurez établi votre liste écrite, n'oubliez pas de vous fixer un cadre temporel réaliste. Laissez à vos Anges un espace d'action afin qu'ils puissent œuvrer dans les coulisses pour vous aider. Même pour les Anges, il peut être impossible de vous aider à réaliser quelque chose aussi rapidement que quatre heures de l'après-midi le jour même ou le lendemain à midi !

# CHAPITRE 7

# La découverte de votre histoire personnelle

## *La banque de souvenirs de votre Ame*

Il y a deux sources distinctes d'informations intuitives : elles nous proviennent d'une part directement de nos Anges, grâce au processus du « channeling » et d'autre part de la conscience intuitive de l'âme qui est en tout être humain.

Au cours d'une séance de « channeling » avec un client, je « vois » souvent psychiquement leur âme comme un organe tangible situé juste derrière le cœur. J'ai parfois accès à des informations aussi bien des Anges que de la banque de souvenirs de l'âme.

L'âme est la seule partie de nous qui survit, que nous soyons sur le plan physique où nous sommes actuellement, ou dans l'au-delà après la mort physique.

Bien que nous soyons tantôt de sexe masculin tantôt de sexe féminin, et que nous ayons des personnalités très différentes dans chacune de nos vies physiques, notre âme subit en permanence un processus de transition tandis que nous voyageons du plan physique au plan spirituel.

Au cours de chacune de nos vies sur le plan physique, nous intégrons ou additionnons toutes les expériences que nous rencontrons. Toutes les connaissances acquises après avoir résolu des problèmes sont stockées dans la banque de souvenirs de notre âme. Par conséquent, dans chacune de nos vies successives, nous revenons sur le plan physique en étant plus sage, plus mature et plus éclairé grâce à toutes nos vies antérieures.

Notre âme est l'un des plus beaux présents de Dieu, car ils conservent les archives de nos histoires personnelles tout au long de nos vies. C'est comme si nous disposions d'un album photo spirituel que nous pourrions consulter à tout moment pour nous aider à ne pas oublier qui nous sommes, où nous avons été et où nous allons dans chaque vie, sur le plan physique.

Quelle est la différence entre les conseils prodigués par nos Anges grâce au channeling et les informations auxquelles nous avons accès dans la banque de souvenirs de notre âme ?

La banque de souvenirs de l'âme est une immense source d'informations intuititves qui constitue la carte routière ou l'itinéraire de cette vie. Nos Anges nous aident à réaliser notre parcours spirituel en nous donnant orientations, des conseils et en nous aidant à mesurer nos progrès.

L'âme détient d'importantes quantités d'informations, tout comme un disque d'ordinateur. Ces informations fascinantes et éclairantes sont à votre disposition à tout moment et comprennent toutes vos histoires personnelles issues de chacune de vos vies antérieures. Sans le savoir et la conscience émanant des expériences de vos vies antérieures, vous demeurez dans une amnésie spirituelle. L'âme est un livre ouvert qui vous permettra de découvrir les atouts et d'autres facettes essentielles cachés de la conscience de soi qui vous seront d'un secours inestimable pour pouvoir vous développer sur le plan émotionnel, spirituel, physique et financier.

Comment peut-on accéder aux informations de la banque de souvenirs de notre âme ?

Retirer des informations de votre « fichier » personnel est très facile. Tout comme le channeling, vous pouvez accéder aux souvenirs de votre âme dès votre enfance, même si vous n'étiez peut-être pas conscient de ce processus.

Comme je l'ai déjà dit, l'âme se situe dans le corps humain juste derrière le cœur. Elle n'est peut-être pas visible à l'œil nu, mais on peut la « voir » physiquement comme un organe tangible. La fonction importante vitale de l'âme est de vous transmettre les informations intuitives spirituelles afin de vous aider dans votre prise de décision.

Elle est totalement programmée avec toutes vos précédentes expériences issues de vos vies antérieures et de vos talents et capacités uniques. Elle contient toutes les archives des décisions que vous avez prises avant votre renaissance sur le plan physique pour cette vie, y compris le travail de votre vie, vos problèmes et l'identité de la personne particulière qui sera votre « âme sœur ».

L'objectif de votre âme est de vous permettre d'emprunter dans chaque vie une voie qui vous permettra de vous réaliser, de renforcer votre propre conscience et de parvenir à l'illumination spirituelle. L'âme y parvient en partageant avec vous toutes les informations qui constituent votre histoire personnelle. L'âme se situe juste derrière le cœur, car elle vous transmet des informations à travers ce que vous ressentez d'un point de vue émotionnel. Vous accédez aux informations de votre âme à chaque fois que vous ressentez quelque chose.

En tant qu'êtres humains, nous utilisons deux méthodes distinctes pour prendre des décisions tandis que nous vaquons à nos occupations quotidiennes.

La première méthode consiste à penser à ce que nous allons faire avec notre cerveau gauche analytique avant de prendre une décision. Cela nécessite habituellement un certain temps, car je pense que le cerveau est un des organes les plus lents du corps. Il est également à l'origine de toutes les pensées négatives qui nous traversent l'esprit au moment où nous essayons de prendre une décision importante.

Par exemple, on vous offre un nouveau travail. Vous entamez le processus de décision en utilisant les processus de pensée de votre cerveau et des pensées négatives commencent à surgir : *« Je ne suis pas assez bon ou assez intelligent pour ce nouveau travail »*, *« Que se passera-t-il si le nouveau patron ne m'aime pas ? »*, *« Je déteste mon nouveau travail, mais je sais qu'il est stable... »*.

Le cerveau vous empêche de prendre des décisions vraiment sages, parce qu'il engendre des refrains négatifs qui ne cessent de se répéter dans votre tête, ils vous effraient et vous paralysent. Et pire encore, il n'est pas du tout au courant des informations intuitives.

L'autre méthode que nous utilisons pour prendre des décisions est le ressenti, ou l'utilisation de notre instinct. Nous progressons sur notre voie en ressentant avant tout les choses pour trouver une réponse ou une solution. Quand nous ressentons, nous prenons des décisions très rapidement, spontanément et en étant beaucoup plus confiants. Nous n'écoutons pas les refrains négatifs qui proviennent de notre cœur, comme ceux qui proviennent de notre tête.

En effet, les informations qui nous proviennent de notre cœur sont en réalité émises par notre âme qui nous soutient et nous encourage en fonction de nos besoins, facilitant ainsi le processus de décision tout en nous donnant confiance en nous.

Vous accéderez aux informations émises par votre âme en prenant des décisions avec vos sentiments et non pas avec votre tête. Afin d'augmenter les informations que vous recevez de votre âme, vous devez vivre votre vie à travers ce que vous ressentez.

Par exemple une personne qui serait exclusivement un penseur recevra très peu d'informations de l'âme. Alors qu'une personne qui serait surtout dans le « ressenti » peut accéder à n'importe quelle information ou à toute information de son âme, simplement en agissant régulièrement sur ses sentiments.

On peut comparer l'accès aux informations de l'âme à l'haltérophilie. Tout comme l'âme, vos muscles sont déjà en place dans votre corps. Quand vous commencerez à soulever des poids, vous débuterez en douceur, vous prendrez de plus en plus conscience de votre corps physique, tout comme vous prendrez conscience de votre corps émotionnel en faisant appel à vos sentiments.

Dans peu de temps, vous connaîtrez très bien votre corps physique et ce qu'il vous dit à propos de vos capacités à développer votre masse musculaire. Vous reconnaîtrez tout aussi facilement ce que l'âme vous dit sur votre capacité à atteindre le bonheur, la paix et la satisfaction extrêmes.

L'âme fonctionne sur la base de ce qui est nécessaire. Elle ne vous livrera des informations qu'au compte-goutte jusqu'à ce que vous en ayez besoin de davantage d'un point de vue émotionnel. Le dilemme auquel les penseurs doivent faire face est le conflit permanent entre ce que leur tête leur dit de faire et ce que leur âme essaye de leur dire à travers les sentiments.

A chaque fois que vous agissez sur vos sentiments, vous demandez à votre âme de vous livrer davantage d'informations. Plus vous demanderez des informations à votre âme en agissant sur vos sentiments, plus elle mettra d'informations à votre disposition. Vous augmenterez le flux d'informations livré par votre âme en faisant taire les processus de pensée et en développant votre corps émotionnel.

Maintenant que vous savez comment accéder aux informations de l'âme, il est important pour vous de comprendre tout ce qui se trouve dans la banque de souvenirs de votre âme.

## *Le dossier complet de vos vies antérieures*

Notre âme est un organe vraiment extraordinaire. Il est capable de contenir une quantité infinie d'informations, mais contrairement à un ordinateur, il ne s'arrête jamais, ne perd jamais son contenu, ne refuse jamais de traiter des données vitales et ne devient jamais obsolète.

Nombreux sont les patients qui souhaitent savoir combien de vies antérieures ils ont réellement vécues. Ils me demandent, « *Ai-je déjà vécu d'autres vies ? Je n'en suis pas sûr, mais je pense en avoir vécu plusieurs.* »

A partir des informations fournies par leurs âmes, je découvre souvent qu'ils ont vécu des milliers de vies antérieures. C'est vrai pour la majorité des personnes que j'ai reçues dans mon bureau et c'est probablement également valable pour vous.

Prenez un stylo et une feuille de papier et inscrivez ce que vous pensez à propos des sujets suivants. Cet exercice très utile vous aidera à découvrir votre degré d'avancement. Concentrez-vous pendant quelques instants sur les cinq dernières années de votre vie.

1. Quels obstacles avez-vous rencontrés ou quelles épreuves avez-vous traversées ?
2. Qu'avez-vous appris de ces difficultés ?
3. Qu'avez-vous appris des autres personnes dans votre vie ?
4. Qu'avez-vous appris sur les autres personnes dans votre vie ?
5. Quels problèmes avez-vous résolus ?
6. Quelles opportunités avez-vous créées et/ou lesquelles vous ont été profitables ?
7. Avez-vous modifié vos objectifs et vos désirs au cours des cinq dernières années ? Si oui, comment ?

8. Quelles situations ou quelles expériences vous ont surpris ?
9. Dans quelle mesure votre philosophie, vos pensées, vos opinions et vos sentiments à propos de la vie ont-ils changé en raison de vos expériences ?
10. Qu'avez-vous découvert sur vous au cours des cinq dernières années ?

Je qualifie cet exercice de « quête de l'âme » parce qu'il vous permet de vous concentrer et de prendre conscience de manière tangible des changements dans votre vie au cours d'une période relativement courte de cinq ans. Ma vie change si rapidement que je réalise habituellement cet exercice tous les ans pour mon anniversaire, afin de me rappeler tout ce que j'ai accompli, de m'aider à me concentrer sur ce que j'ai appris sur moi-même et sur les autres, et pour découvrir dans quelle mesure je n'ai pas réussi à atteindre mes objectifs.

Après avoir réalisé cet exercice, vous êtes probablement surpris de voir à quel point les cinq dernières années ont affecté votre manière de penser et de vous considérer, la manière dont vous considérez les autres personnes dans votre vie et à quel point vous avez modifié vos objectifs, vos désirs et votre orientation.

Vos progrès spirituels et émotionnels continus seront facilement reconnaissables en réalisant l'exercice de « quête de l'âme » qui vous permettra de prendre conscience de votre évolution.

En accord avec ce que vous avez découvert sur votre évolution au cours des cinq dernières années, imaginez l'évolution et les progrès que vous pourrez réaliser au cours d'une vie entière.

Puis visualisez l'ampleur de votre évolution spirituelle et émotionnelle au cours de milliers de vies et vous comprendrez l'importance des informations contenues et disponibles à tout moment de la banque de souvenir de votre âme.

Vous devriez être curieux de vos vies antérieures parce qu'elles représentent votre histoire personnelle. Vous pouvez accéder aux informations de vos vies antérieures à partir de la banque de souvenirs de votre âme qui comprend la période dans laquelle vous avez vécue, où vous avez vécu, si vous avez été un homme ou une femme, et si vous avez partagé une vie antérieure avec des personnes qui font actuellement partie de votre vie.

Pouvoir accéder à des informations sur vos vies antérieures grâce à votre âme est une expérience fascinante, presque comme si vous regardiez le film de la semaine. C'est comme si vous regardiez une vidéo dans laquelle vous pourriez intervenir et que vous pouvez voir, entendre, sentir, ressentir et en réalité faire partie du passé comme vous l'avez déjà vécu. Vous aurez également la merveilleuse opportunité de « voir » les personnes avec lesquelles vous avez partagé une vie antérieure et qui font partie de votre vie actuelle.

Je sais que cela peut sembler ridicule, mais jadis, je craignais que si je « revenais » dans une vie antérieure, de rester coincée et de ne pas pouvoir revenir dans ma vie actuelle. Depuis, j'ai appris que c'est impossible de rester dans une vie antérieure, même si je l'avais voulu.

Lorsque nous régressons dans une vie antérieure ou retournons dans une de nos vies antérieures, nous n'accédons qu'à des souvenirs de ce qui existait avant, grâce aux dossiers conservés par notre âme. Nos voyages dans nos vies antérieures, aussi réelles et concrètes qu'elles puissent paraître ne sont que des souvenirs spirituels du passé. Même si nos Anges peuvent nous fournir des informations sur nos vies antérieures, c'est une chose fascinante que de pouvoir recevoir des souvenirs de vies antérieures de notre âme, car cela nous permet de revenir personnellement et d'observer ce qui s'est passé, au lieu de simplement en avoir entendu parler par nos Anges.

Pour accéder aux souvenirs de vos vies antérieures, choisissez un environnement calme où vous ne serez pas dérangé. Vous souhaiterez peut-être vous asseoir plutôt que vous coucher, car si vous êtes trop confortablement installé, vous risquez de vous endormir !

Fermez les yeux et dites à votre âme que vous souhaitez ouvrir le dossier de vos vies antérieures. Si vous avez déjà une conscience intuitive d'une vie antérieure particulière, vous pouvez demander à votre âme de commencer votre régression dans une vie antérieure, dans cette période.

Devant vous, imaginez un escalier qui vous mène vers une porte d'un bleu éclatant. De l'autre côté de cette porte bleue se trouve une de vos vies antérieures. Représentez-vous mentalement en train de monter lentement chaque marche, et ce faisant, dites-vous que vous êtes de plus en plus détendu(e).

Quand vous serez en haut de l'escalier, ouvrez doucement la porte bleue, franchissez le seuil et entrez dans votre vie antérieure.

Une fois arrivé, prenez conscience que les images que vous « voyez » sont mises à disposition grâce à votre âme, car elles détiennent la clé de votre conscience afin de vous aider à trouver une solution à un problème, de lever la confusion et à prendre des décisions à propos d'une éventuelle opportunité.

A chaque fois que vous demandez à votre âme d'accéder aux dossiers de vos vies antérieures, vous pouvez retourner dans une vie que vous avez déjà visitée ou vous pouvez en « revivre » une totalement différente.

Ne soyez pas frustré ou déçu si vous régressez toujours dans la même vie antérieure. N'oubliez que votre âme essaye de vous fournir les informations intuitives nécessaires et continuera de vous présenter une vision de la même vie jusqu'à ce que vous preniez conscience ou que vous compreniez sa signification. Si vous avez essayé en vain d'interpréter les informations fournies par votre âme, n'oubliez pas que vous avez toujours la possibilité de demander de l'aide ou des conseils à vos Anges.

Vos premières tentatives de retrait de votre dossier de vie antérieure peuvent vous sembler confuses, à mesure que vous développez votre capacité à accéder aux informations. Vous « verrez » probablement des petits bouts et des petites bribes de votre vie antérieure et votre vision pourra vous sembler floue au départ. Avec de la pratique, vous développerez votre capacité à voir des images claires et vivaces de vos vies antérieures provenant de la banque de souvenirs de votre âme.

## *Vos dons, vos facultés et vos talents cachés*

Tout en accédant aux informations fournies par votre âme sur vos vies antérieures, vous prendrez également conscience de vos dons, facultés et talents cachés.

Je qualifie ces talents et ces niveaux d'expertise de « cachés », car la plupart des gens n'ont aucune idée de leur niveau de réalisation actuel.

Au cours de séances privées de channeling, des chirurgiens et des acteurs réputés, tout comme de hauts responsables politiques, des riches entrepreneurs et des artistes et écrivains acclamés par la critique ont découvert qu'ils n'avaient aucune idée des dons et des facultés qu'ils possédaient. Ils me demandent très sérieusement de communiquer avec leurs Anges pour découvrir s'ils ont des talents particuliers ou uniques !

Il est extrêmement important de se concentrer sur les dons, les talents et les facultés que nous avions dans des vies antérieures. Si nous continuons d'ignorer ce que nous avons réalisé par le passé, nous ne savons pas vraiment qui nous sommes ou du stade auquel nous sommes à présent, ce qui nous rend inapte à prendre les décisions appropriées sur les différentes orientations possibles futures.

Si vous recevez des informations de votre âme vous indiquant que vous pourriez être un très bon écrivain parce que vous avez déjà écrit dans une vie antérieure, fiez-vous à ces informations. Si votre âme vous dit que vous devez être entrepreneur parce que vous avez eu une expérience précédente dans ce domaine au cours d'une vie antérieure, je vous conjure de créer votre propre entreprise !

Si vous adoptez une attitude pessimiste en vous

exclamant, « *Je ne peux pas !* » ou « *Je n'ai jamais fait cela auparavant !* », ou « *Je n'ai aucune expérience !* », « *Je n'aurais jamais pensé pouvoir faire cela !* » ou bien encore « *Si j'avais ce talent, pourquoi est-ce que je l'ignore et pourquoi est-ce que je ne l'ai pas déjà fait ?* », vous ne ferez que ralentir vos progrès vers l'accomplissement de vos vœux les plus chers. Soyez ouvert à la merveilleuse richesse des informations fournies par votre âme.

En d'autres termes, vous souvenez-vous avoir fait du vélo alors que vous étiez enfant ? Si un ami vous demande de faire une promenade à vélo samedi matin, vous vous souviendrez de l'expérience que vous avez faite lorsque vous étiez enfant et vous aurez confiance en vous, car vous savez que vous savez faire du vélo, même si cela fait plusieurs années que vous n'en avez pas fait.

L'été dernier, vous avez peut-être aidé un ami à construire un patio en brique, vous avez peut-être appris à monter à cheval, eu votre premier rendez-vous avec un(une) petit(e) ami(e).

Si vous envisagez de pratiquer à nouveau une de ces activités, vous ne serez pas handicapé par l'appréhension ou le manque de confiance en vous, parce que vous vous souviendrez de votre précédente expérience. Même si cela n'a pas été une expérience mémorable, vous savez que vous avez réussi. Il n'y aura pas de crainte de l'inconnu. Vous serez confiant en raison de votre précédente expérience.

C'est exactement le même processus avec l'expérience de vie antérieure. Si vous avez déjà réalisé quelque chose, cette faculté ou ce talent est déjà présent et vous pouvez y accéder à chaque fois que vous le désirez.

Outre le channeling avec vos Anges, vous pourrez également accéder aux informations sur vos talents, dons et facultés, à partir de la banque de souvenirs de votre âme, afin de découvrir ce que vous avez déjà accompli et réalisé au cours de vos vies antérieures.

Par exemple, si vous avez été un athlète de haut niveau dans une vie antérieure, vous aurez des prédispositions athlétiques dans toutes vos futures vies. Si vous avez été agriculteur dans une autre vie, vous serez doué pour l'élevage et vos récoltes seront abondantes dans toutes vos prochaines vies. Si vous étiez un célèbre tireur d'élite dans l'ouest américain lors d'une vie antérieure, vous serez probablement à l'aise sur un cheval et serez certainement doué pour le tir dans toutes vos futures vies.

Si nous avons développé un talent ou une faculté particulière, elle continue de faire partie de la banque de souvenirs de notre âme pour l'éternité. C'est pourquoi, nous pouvons essayer quelque chose que nous n'avons jamais essayé auparavant et y exceller tout aussi rapidement. Vous pouvez quasiment être certain que vous l'avez déjà fait dans une vie antérieure !

## *Vos peurs et vos angoisses actuelles*

Toutes vos angoisses et vos peurs actuelles peuvent avoir trois sources différentes.

Tout d'abord, vous pouvez recevoir des images psychiques ou clairvoyantes qui vous préviennent de ce qui est susceptible de se produire dans un avenir proche.

Deuxièmement, vous pouvez vous inquiéter inutilement d'une situation qui ne se produira jamais. Ce phénomène est simplement dû à une « réflexion trop intense » et j'y reviendrai en détails dans le chapitre huit.

Troisièmement, vos peurs et vos angoisses qui trouvent leur origine dans une vie antérieure.

Comment différencier correctement les trois ? En pratiquant le channeling avec vos Anges.

J'ai découvert que presque toutes les angoisses proviennent des vies antérieures. Si vous avez terriblement peur de l'eau, il est fort probable que vous ayez fait l'expérience de la noyade. Si vous avez peur du feu, des serpents ou des mouches, je peux vous garantir que si j'explore vos vies antérieures grâce aux informations fournies par votre âme, vous découvrirez que votre peur n'est ni ridicule, ni insensée, mais qu'elle est appropriée et que vous devrez concentrer vos efforts pour en guérir et la surmonter. Nous ne pouvons guérir d'un problème si nous ne connaissons pas exactement son origine et comment il a commencé.

Quand j'étais enfant, ma famille vivait près d'une voie de chemin de fer. Je me souviens avoir été allongée sur mon lit, tard le soir, et avoir été envahie par une peur terrible en entendant le vrombissement du train sur son passage. Je me souviens très bien avoir pensé, *« Tous ces pauvres gens dans ce train ! »*.

J'étais également très confuse quand j'étais enfant, car j'avais une peur bleue de voyager en Allemagne.

Par ailleurs, je faisais de terribles cauchemars dans lesquels j'étais enfermée contre mon gré. En tant que passager dans une voiture, je souffrais d'une hyperventilation si je voyageais aux alentours d'une prison.

Je me demandais d'où provenaient ces sensations et j'étais souvent très déroutée, car je ne comprenais pas pourquoi j'étais la seule dans ma famille à entretenir de telles peurs.

Au cours de ma première tentative pour accéder aux informations de mon âme sur mes vies antérieures, je « vis » immédiatement des images claires de ma vie antérieure en France au cours de la Seconde Guerre mondiale. Dans ma dernière vie, j'étais encore une enfant quand on m'a forcée à entrer dans un wagon de marchandises pour un horrible voyage vers le camp de concentration de Bergen-Belsen, où j'ai été internée jusqu'à ma mort après avoir contracté le typhus.

Ces images de ma vie antérieure transmises par mon âme m'ont aidé à clarifier mes pensées et à prendre conscience de l'origine exacte des mes peurs et de mes angoisses.

Après avoir « été témoin » physiquement de ce que j'avais dû endurer au cours de cette vie, il me sembla soudain parfaitement naturel que toutes ces peurs continuent de hanter ma psyché. Ce nouvel éclairage me permit de comprendre les raisons logiques justifiant mes peurs, et cela me permit rapidement de guérir et de venir à bout de ces problèmes.

Si vous cherchez à surmonter seul(e) certaines peurs ou angoisses, et si vous ne vous tournez pas vers votre vie passée, vous ne vous pencherez que sur une petite partie du problème. En dépit de tous les efforts que vous pourrez déployer, et même si votre thérapeute est très compétent, vos peurs peuvent rester injustifiées, car vous ne traiterez que les symptômes de vos angoisses au lieu de vous attaquer de manière productive à la cause originelle.

## *La mission de votre vie*

Pour la plupart des gens, les deux plus grandes sources de frustration spirituelle sont l'ignorance de leurs talents, de leurs dons et de leurs facultés existantes, et une confusion générale, quant à la nature de la mission de leur vie.

Outre les informations mises à disposition par vos Anges, vous serez également ravi de savoir que votre âme détient les informations vitales concernant les décisions que vous avez prises juste avant cette vie à propos de votre mission au cours de cette existence.
La banque de souvenirs de votre âme est programmée avec les informations exactes auxquelles vous aurez pleinement accès sur la manière dont vous devez réaliser la mission de votre vie et sur le cadre temporel dans lequel vous aurez les meilleures opportunités de la réaliser.

Considérez le fait que vous avez choisi cette période particulière pour être sur le plan physique. La mission de votre vie que vous avez choisie reflète ces opportunités qui sont maintenant disponibles.
Par exemple, si vous aviez vécu pendant la Révolution française ou la Guerre de Sécession, vous auriez certainement choisi une mission différente de celle que vous avez choisie pour vous au cours de votre vie actuelle.

Si vous êtes une femme, certains types d'emplois sont probablement écartés pour vous. Songez à quel point vos choix et vos opportunités sont beaucoup plus grandes aujourd'hui qu'il y a trente ou quarante ans.
La plupart des gens limitent considérablement l'étendue de ce qu'ils pensent pouvoir faire parce qu'ils ignorent totalement leurs talents, leurs dons et leurs capacités. Après avoir recueilli les informations de votre âme, vous aurez les idées beaucoup plus claires et

vous aurez davantage confiance en vous pour réaliser tout ce qui est nécessaire à l'accomplissement de votre mission.

Comment pouvez-vous accéder aux informations fournies par votre âme à propos de la mission de votre vie ? Interrogez-vous sur les messages transmis par vos sentiments ? A quoi rêvez-vous ?

Vous avez peut-être toujours rêvé de posséder votre clinique privée, ou d'être avocat(e), grand chef ou masseur.

Comment savoir si vous ne vous éloignez pas actuellement de la mission de votre vie ? Etes-vous insatisfait, blasé, vous manquez d'entrain, de défi et vous ne gagnez pas bien votre vie ? Si c'est le cas, il est fort probable que vous deviez obtenir des renseignements de vos Anges ou de la banque de souvenirs de votre âme, afin de découvrir la véritable mission de votre vie.

Votre âme vous dira quel métier est le plus susceptible de vous rendre heureux et de venir en aide aux autres en emplissant votre cœur de sentiments.

Si vous êtes un « penseur » et avez beaucoup de difficultés à accéder à vos sentiments, l'exercice suivant vous aidera à être plus sensible aux informations que votre âme essaie de vous fournir. C'est une excellente méthode de quête de l'âme, même pour les personnes tournées vers la réflexion. Après avoir réalisé cet exercice, vous aurez une idée plus précise de la mission de votre vie !

- Quelle orientation professionnelle choisiriez-vous s'il ne vous restait qu'un an à vivre ?
- Si vous deviez travailler ?
- Si vous deviez changer la vie d'une personne de manière positive en lui rendant un service très utile ou en lui fournissant un produit dont elle a besoin ?
- Quel que soit votre choix de carrière, vous réussirez !
- Que feriez-vous si vous disposiez du capital de départ nécessaire ou si votre famille et vos amis vous soutenaient émotionnellement dans votre choix de carrière ?
- Et si vous étiez certain de bénéficier d'une sécurité financière garantie ?

## *Vos problèmes non résolus*

Outre la mission de notre vie que nous devons accomplir, nous revenons sans cesse sur le plan physique afin de trouver des solutions à nos problèmes. Nous pouvons, certes, interroger nos Anges à propos des problèmes que nous devons résoudre, mais nous pouvons également accéder aux informations sur les défis auxquels nous sommes confrontés dans notre vie présente, à partir de la banque de souvenirs de notre âme.

Certains problèmes sont si délicats que nous hésitons tout naturellement à les aborder. Les problèmes conséquents peuvent s'étendre sur plusieurs vies jusqu'à ce que nous réussissions à les résoudre.

En remontant à la source du problème, grâce aux souvenirs des vies antérieures de notre âme, nous pouvons prendre conscience de la manière de le guérir et de le résoudre efficacement, sans pour autant engendrer des douleurs ou des souffrances supplémentaires.

## *L'identité de votre partenaire idéal*

Avant de renaître dans une autre vie, nous déterminons quel sera notre partenaire idéal avec lequel nous aurons une relation entre deux âmes, de cœur, d'esprit et de corps.

Une union avec notre âme sœur est différente de toutes les autres, dans la mesure où elle nous est offerte par l'univers. Après avoir trouvé notre âme-sœur, nous n'aurons plus à vivre les difficiles « expérience d'apprentissage » qui constituent une grande partie des relations non éclairées.

Les Anges décrivent toujours la rencontre avec une âme-sœur comme un événement bouleversant et déterminant, dont nous prenons conscience de l'importance capitale lorsqu'elle a lieu en raison des sentiments qu'elle nous inspire.

Comment reconnaître notre « Seconde Moitié » ? Comment se souvenir spirituellement de la personne que nous avons choisie pour partager nos vies ? Comment apprendre à faire la différence entre cette personne et tous les autres hommes ou toutes les autres femmes dans l'univers ?

Avez-vous déjà entendu parler quelqu'un évoquer sa première rencontre avec son « âme-sœur » ? On décrit souvent cet événement comme *« incroyable ! Dès que je l'ai vu, je savais que je l'épouserais ! »* ou *« Dès notre premier rendez-vous, je savais qu'elle serait ma femme. »*

Les relations entre deux « âmes-sœurs » évoluent beaucoup plus rapidement que toute autre, car au plus profond de leur cœur, les deux partenaires reconnaissent rapidement celui ou celle avec qui ils sont voués à partager leur vie en paix, en harmonie et en réalisant tout leur potentiel. Vous ressentirez la présence de votre « âme-sœur » dès que vous la rencontrerez, car votre âme vous en informera sans équivoque, afin que vous preniez conscience.

## *Quel est le but de vos relations actuelles ?*

Chacune des personnes que nous rencontrons répond à un objectif particulier dans notre vie et est très vraisemblablement une personne avec laquelle nous avons déjà partagé une vie antérieure.

Comment pouvez-vous être plus sensible aux personnes qui ont déjà partagé vos vies antérieures ?

Avez-vous déjà rencontré une personne que vous aimez immédiatement ou pour laquelle vous ressentez une affection instantanément et vous reconnaissez intuitivement que vous la connaissez déjà ? Vous avez vécu des retrouvailles avec quelqu'un qui a partagé avec vous une vie antérieure très positive.

Vous est-il déjà arrivé de rencontrer une personne pour laquelle vous ressentez immédiatement de l'affection et vous reconnaissez intuitivement l'avoir déjà connue ? Si c'est le cas, vous serez à nouveau réuni(e) avec un partenaire qui a déjà partagé une vie antérieure très positive avec vous.

Avez-vous déjà rencontré une personne pour laquelle vous ressentez immédiatement une certaine aversion ou une répulsion ? C'est un autre type de réunion, mais cette fois, avec une personne que vous avez connue dans une vie antérieure et rencontrée dans des circonstances difficiles et traumatisantes.

Il est très important pour nous de développer notre capacité à reconnaître le but que chaque personne est censée jouer dans notre vie.

Pendant que nous sommes encore dans l'au-delà, nous prenons des décisions communes avec les personnes avec lesquelles nous projetons d'interagir sur le plan physique, bien avant de renaître dans chaque vie.

Nous avons donc une responsabilité spirituelle envers nous-mêmes et les autres personnes qui traversent nos vies, nous devons reconnaître le type de relation que nous devrons avoir avec elles et honorer et réaliser nos promesses spirituelles.

Comment pouvons-nous reconnaître le rôle que d'autres personnes doivent jouer dans nos vies ? Nous devons prendre nos décisions pour savoir comment nous allons procéder avec chaque personne que nous rencontrons, en étant à l'écoute des informations fournies par notre âme au travers de nos sentiments.

## *Le Channeling et la Religion*

Au cours d'une première séance de channeling privée dans mon cabinet, on m'interroge souvent sur mes convictions spirituelles et si je crois en Dieu. On me demande également d'expliquer la différence, s'il y en a une, entre la religion et la spiritualité.

Pendant mon enfance, j'ai été élevée dans la tradition catholique et j'ai assisté à des leçons hebdomadaires de catéchisme pendant de nombreuses années. Quand j'étais jeune, j'ai fréquenté l'Université Loyola qui est un établissement catholique qui se targue d'encourager les étudiants à développer et à renforcer leurs croyances religieuses.

Je me considère à présent comme une catholique « reconvertie », non pas en raison d'une quelconque animosité envers la religion elle-même, mais parce que ma prise de conscience plus aiguë m'a ouvert de nouvelles portes qui m'ont inspirée et m'ont permis d'élargir mon horizon, si bien que la stricte doctrine de l'église catholique ne suffit plus à satisfaire mes besoins spirituels.

J'ai ainsi pu forger mes opinions grâce à mon travail intense avec les Anges, à ma proximité croissante et à mes contacts quotidiens avec le plan spirituel. Mes opinions ont pour but d'expliquer et de clarifier, non pas de vous convaincre et de vous convertir à mes croyances religieuses et spirituelles.

Il est, certes, très important de rester ouvert à de nouvelles idées et philosophies, mais il est également essentiel de conserver vos croyances, même si d'autres personnes tentent de vous convaincre du contraire. Je pense que les adultes doivent décider par eux-mêmes de leurs croyances et de la manière dont ils souhaitent les entretenir. J'ai également constaté que chacun de nous a une vision différente de Dieu, des Anges et de l'univers, car le cursus de nos vies antérieures est unique, tout comme nos niveaux de conscience.

En ce qui concerne ma philosophie spirituelle personnelle, je suis persuadée de l'existence d'un Dieu dans l'univers, que les Anges qualifient parfois de « lumière blanche ».

J'ai également développé un respect dévoué et je crois profondément à l'existence de milliers d'Anges avec lesquels j'ai pratiqué le channeling et qui font preuve d'un amour inconditionnel et d'un engagement désintéressé pour ceux qu'ils soutiennent, guident et protègent ici sur le plan physique.

La prière est une des nos activités quotidiennes les plus importantes et nous prions à chaque fois que nous communiquons avec nos Anges, à travers le processus de channeling.
La présence d'un prêtre, d'un rabbin ou de tout autre ministre du culte n'est pas nécessaire pour pouvoir parler à Dieu ou à nos Anges, de même et qu'il n'est pas non plus indispensable d'être dans une église, un temple ou tout autre lieu de culte. Nous avons la chance merveilleuse de pouvoir prier à tout moment et dans n'importe quel environnement de notre choix.

La religion est l'incarnation de la foi organisée dans laquelle un ensemble de personnes se rassemblent pour prier, partager et observer les croyances particulières de cette foi. Dans de nombreuses religions organisées, on encourage le public à demander des conseils et des instructions aux chefs religieux, afin de trouver des solutions à des problèmes difficiles et de se rapprocher de Dieu.

La spiritualité est l'incarnation de l'observation individuelle et de la poursuite de croyances sans restrictions, ni règlementation d'un dogme ou d'une doctrine religieuse. Les individus recherchent des conseils directs de Dieu, des Anges et de leur âme, tandis qu'ils recherchent des solutions et des conseils.

Est-il possible d'embrasser en même temps la spiritualité et la religion ? Oui, bien entendu ! La spiritualité et la religion sont identiques, dans la mesure où elles essaient toutes les deux d'enseigner les principes élémentaires du bien et du mal, tout en prodiguant des conseils sur notre manière de mener nos vies et d'interagir avec les autres personnes.

Si en tant qu'individu, nous choisissons une spiritualité indépendante ou une forme organisée de la religion, ou une combinaison des deux, l'observation et le maintien de ces précieux enseignements sont d'une importance capitale pour notre évolution spirituelle permanente.

Comment décider de la philosophie à adopter ? Comment développer au mieux vos croyances spirituelles ou religieuses pour l'adopter au plus près à votre mode de vie et votre éveil grandissant ?

Testez différentes religions en assistant à des offices religieux et en rencontrant des membres de différentes congrégations. Décririez-vous les autres personnes qui assistent aux offices comme des « âmes sœurs » ? Vous ont-ils volontiers accueilli aux offices ou vous ont-ils considéré de manière hostile ou suspicieuse ? Comment vous sentiez-vous après l'office : satisfait ou revigoré ?

Observez l'évolution de votre spiritualité tandis que vous assistez régulièrement à des conférences et à des séminaires sur la spiritualité qui élargira votre horizon et vous ouvrira de nouvelles portes. Liez-vous d'amitié avec d'autres personnes qui essayent de développer leur niveau d'éveil.

On peut trouver de nombreux écrits et supports multimédia dans les librairies spécialisées. Si vous recherchez et explorez les rayons, cela pourrait vous aider à déterminer avec quelles philosophies vous ressentez le plus d'affinités.

Si vous décidez d'explorer ce qui est à votre disposition en termes de religion organisée, soyez attentif à certains drapeaux rouges qui vous indiqueront immédiatement que cette religion n'est pas pour vous et entravera votre évolution. Les drapeaux rouges sont les suivants :

- Cette religion entretient-elle volontairement des sentiments de peur, de culpabilité et de honte ?
- Cette religion menace-t-elle sa congrégation de les enfermer dans de nouvelles idées qui ne correspondent pas à leur doctrine religieuse ?
- Encourage-t-elle sa congrégation à entretenir une méfiance envers les autres personnes,

uniquement parce qu'elles n'appartiennent pas à leur église ?
- Après avoir assisté à un office religieux, vous sentez-vous misérable, haineux ou déprimé au lieu d'être revigoré, inspiré et encouragé ?
- Cette religion enseigne-t-elle les préjugés, la haine ou la philosophie arbitraire envers autrui ?
- Les membres du clergé ou les membres de la congrégation de cette religion essaient-ils d'imposer leur philosophie aux autres et de les convertir, ou de « sauver » ceux qui ne souscrivent pas à leurs croyances ?

# CHAPITRE 8

# Se construire une Belle Vie

## *Paralysé par l'Analyse*

Quelle serait la meilleure définition de votre philosophie de prise de décision, de résolution de problème et de votre manière d'interagir avec les autres personnes ?

Vous pensez peut-être que les deux philosophies suivantes vous correspondent, mais laquelle vous décrit le mieux, « *Je pense, donc je suis* » ou «*Je ressens, donc je suis* » ?

La réponse à cette question détermine votre capacité à pratiquer le channeling avec vos Anges et à accéder à votre créativité, votre spontanéité, votre intuition, à votre capacité à prendre des risques, et à avoir confiance en vous quand vous prenez des décisions.

Comment savoir si vous êtes plutôt un « penseur » ou un « sensitif » ?

Si vous agissez davantage en fonction de votre centre de réflexion qui est le « siège » des impulsions logiques, rationnelles, analytiques et de vos pensées, vous êtes davantage un « penseur ».

Si vous agissez davantage en fonction de votre centre émotionnel, qui est le « siège » de vos impulsions créatrices, intuitives, expressives et de vos sentiments, vous êtes davantage un « sensitif ».

Par exemple, explorons les différences entre la manière dont les « penseurs » et les « sensibles » se comportent face à la vie et aux autres.

## *La prise de risque*

Situation : On vient de vous proposer l'emploi dont vous rêviez à un salaire trois fois plus élevé que celui que vous gagnez actuellement. Cette offre suppose que vous déménagiez dans une autre ville où vous avez toujours rêvé d'habiter depuis des années.

Le Penseur : *« Oh mon Dieu ! Je n'aurais jamais pensé que cela puisse arriver ! Je dois me décider ! Eh bien, ne précipitons pas les choses. Je sais que je ne gagne pas ce que je pourrais gagner, mais mon emploi actuel est sûr. Je peux conserver mon poste jusqu'à la retraite. Et si je n'aimais pas cette société ? Et s'ils ne m'aimaient pas ? Et si mon patron n'était pas satisfait de mes performances ? On pourrait me licencier ! Je dois également envisager de déménager. Je m'ennuie et je ne suis pas très heureux de l'endroit où j'habite, mais mon loyer est relativement raisonnable et ne va probablement pas augmenter avant l'année prochaine. Changer de ville semble un peu radical. Et si le coût de la vie était beaucoup plus élevé là-bas ? Est-ce pour cela qu'ils m'ont proposé un salaire plus élevé ? Et si je déménage là-bas et que je ne me fais aucun ami ? Je dois réfléchir à tout cela. Après une bonne nuit de sommeil, j'y verrai plus clair. Je dois peser le pour et le contre et analyser cette décision avec toutes les implications qui s'imposent. Cette société devra patienter un peu avant que je prenne une décision... »*

Le « sensible » : « *Oh, mon Dieu ! J'ai toujours su que cela arriverait ! Je savais que j'étais la bonne personne pour cet emploi. Je serai un atout extraordinaire pour cette société. Je suis certain que j'aimerai mon nouveau travail ! Et je mérite de gagner plus. J'ai hâte de rencontrer mes nouveaux collaborateurs et mon nouveau patron, et de faire face à de nouveaux défis professionnels. Mon travail actuel est tellement ennuyeux, tout comme l'endroit où j'habite actuellement. J'ai toujours rêvé de déménager et de vivre dans un nouvel environnement. C'est une occasion de me faire de nouveaux amis ! L'univers est très attentif à mon égard et m'aide à réaliser mes vœux les plus chers ! J'ai reçu cette proposition il y a trente minutes. Je vais appeler la société pour dire que j'accepte leur offre et je commencerai à planifier mon déménagement ! Je me demande quand je pourrai commencer... »*

## *Relations*

Situation : Vous avez enfin rencontré votre âme sœur et vous sortez ensemble depuis quelque temps. Vous sentez que votre relation devient sérieuse et vous vous apprêtez à entamer une conversation sur le mariage.

Le Penseur : *« Pourquoi précipiter les choses ? Devons-nous faire la course pour arriver quelque part ? Mon cœur me dit d'aller plus loin, mais ma tête me dit d'attendre et de réfléchir. J'ai trop de choses en tête. Que faire s'il n'est pas vraiment la personne qu'il me faut ? Il y a quelques années, j'étais heureuse avec Jim, mais regardez comment cela s'est terminé ! Ma mère, ma meilleure amie et ma collègue de bureau me conseille d'attendre, parce que mon « âme sœur » ne correspond pas vraiment à ce qu'elles imaginaient. Et je ne sais pas si je suis capable de répondre aux attentes de mon partenaire. Quand on aborde le côté émotionnel des choses, cela me rend mal à l'aise. Et s'il se lassait de moi ? Et si je me lassais de lui ? Et si nous ne nous aimions plus ? Et si notre vie sexuelle était reléguée au second plan ? Il y a tellement de divorces de nos jours que je ne voudrais pas en rajouter un sur la liste ! Et si nous divorçons, que se passera-t-il s'il essaie de me soutirer de l'argent ? Il me rend heureuse comme je ne l'ai jamais été et c'est la personne la plus merveilleuse que je connaisse, mais comment être absolument certaine que j'agis comme il faut ? Comment être certaine qu'il est bien la personne qu'il me faut ? Et si je trouvais quelqu'un de mieux ? Et si nous décidons d'avoir des enfants ? Cela nécessite beaucoup d'argent ! Ne sommes-nous pas heureux ainsi ? Pourquoi se presser ? Pourquoi ne pouvons-nous pas rester ainsi, disons, encore... Trois mois... ou six mois...? ».*

L'Emotionnel : *« J'ai hâte de voir évoluer notre relation ! Nous avons acquis tous les deux beaucoup d'expériences en tant qu'adultes et nous savons ce que nous voulons. Nous avons eu beaucoup de temps pour nous connaître. Et nous sommes tous les deux conscients d'avoir trouvé notre « âme sœur » ! J'ai attendu toute ma vie d'avoir une telle relation avec quelqu'un ! Cela me montre à quel point mes précédentes relations ont été précieuses et utiles, parce que je suis à présent suffisamment mûre pour faire la différence entre un homme qui représente une expérience difficile et un autre qui est véritablement l'Homme Idéal ! J'aime l'idée de me marier avec cette personne. Je pense que pourrons être très heureux et je suis persuadée que notre relation durera toute notre vie. Il faudra simplement continuer de veiller à prendre en considération les sentiments de l'autre. Notre relation actuelle est une telle réussite. Nous nous stimulons mutuellement et nous nous entendons tellement bien. Nous avons une vie sexuelle épanouie. Nous pourrions être des parents merveilleux ! Elever des enfants est, certes, un réel défi, mais je ne conçois pas une vie heureuse et bien remplie sans eux. Je sais qu'il m'aime et je ne pourrai plus jamais trouver quelqu'un d'autre que j'aimerais autant. Je suis heureuse. Je le sais, parce que je laisse parler me sentiments. Je n'ai jamais été aussi sûre de quoi que ce soit dans ma vie. Je me demande ce qu'il répondrait si je lui proposais de nous fiancer ou de nous marier le mois prochain... »*

## *Aptitude à Pratiquer le Channeling*

Situation : Vous vous entraînez à exercer votre aptitude à pratiquer le channeling avec vos Anges et vous avez établi un mode de communication mutuelle tangible avec eux.

Le Penseur : *« Comment être sûr(e) que je parle bien à mes Anges ? Peut-être que ce processus n'existe pas vraiment et peut-être que je me fais des idées. C'est probablement mon imagination qui me joue des tours. Ce n'est pas possible de communiquer avec des Anges qui seraient sur un plan spirituel et que je ne pourrais ni voir, ni entendre, ni toucher comme un être humain. Si c'était si facile, tout le monde devrait connaître ce processus et pratiquer le channeling ! Pourquoi devrais-je travailler à quelque chose dont je ne peux pas parler ouvertement avec les autres ? J'imagine la réponse de tante Martha, de mes partenaires au poker ou des personnes avec lesquelles je travaille, si j'abordais le sujet du channeling. Et je ne suis même pas certain(e) de comprendre ce que les Anges essaient de me dire. Je pense qu'ils ne cessent de me presser afin que je prenne des décisions et que je progresse, mais je n'aime pas agir dans la précipitation. Je sens qu'ils me parlent en permanence, mais j'essaie de les ignorer, parce que je ne suis pas toujours d'accord avec ce qu'ils disent. Je suis trop occupé pour les écouter. Peut-être que je n'ai pas vraiment d'Anges gardiens. Si des Anges agissaient en ma faveur, je devrais être beaucoup plus heureux(se) et ma vie devrait être plus facile ! Et je parie que ces grondements ne proviennent pas de mes Anges, mais vraisemblablement d'une indigestion après avoir ingurgité une pizza froide... »*

L'Emotif : *« Je communique vraiment avec mes Anges ! Je suis tellement enthousiaste à l'idée d'entretenir une relation suivie avec mes propres Anges gardiens ! Ils me parlent en permanence. Je vais travailler très dur pour développer mes aptitudes à communiquer avec eux, en prenant le temps de pratiquer le channeling. J'adorerais recevoir des informations pour ma mère, mes amis ou des connaissances et les leur transmettre dans le but de faciliter leur vie et bien d'autres choses encore.*

*Aujourd'hui, je perçois des choses que je ne percevais pas auparavant. Quand je leur parle d'un problème ou d'une opportunité, ils font tout pour rendre les choses compréhensibles, de manière que je sache exactement ce que je dois faire ! Si seulement j'avais pu développer mes aptitudes à pratiquer le channeling plus tôt. Je progresse beaucoup plus rapidement maintenant, parce que je sais ce qui m'attend. En raison des informations intuitives de mes Anges, je n'ai plus trop de surprises émotionnelles engendrées par d'autres personnes. Je vois les opportunités beaucoup plus clairement, et je sais exactement quelles sont les expériences d'apprentissage que je dois apprendre, celles que je dois vivre plus rapidement. J'aime partager ce que j'ai appris sur les Anges et entrer en contact avec les autres personnes, même si elles n'ont jamais été exposées à ce processus auparavant. Cela a véritablement transformé ma vie de manière positive... »*

## *La prise de décision*

Situation : Un médecin reconnu vient de vous informer que vous devez subir une petite intervention chirurgicale pour enlever une tumeur bénigne qui se développe rapidement sous votre bras.

L'Intellectuel : « *Je sais que je devrais me faire opérer ! Le docteur Martin ignore vraisemblablement si cette tumeur est cancéreuse et il ne veut pas m'inquiéter, c'est pour cela qu'il m'a dit que c'était bénin. Il ne sera certain qu'après avoir retiré la tumeur. Je le consulte depuis des années, mais je me demande s'il sait vraiment ce qu'il fait. J'ai toujours eu peur d'avoir un cancer. Et s'il y avait un problème pendant l'opération ? S'il faisait une terrible erreur et si je mourais sur la table d'opération ? Je ne peux pas me permettre de prendre des congés en cas de période de convalescence prolongée. Et si ma compagnie d'assurances refuse de payer mes demandes de remboursement ou refuse mon dossier ? Et si je contractais le Sida pendant l'opération ? Je me demande si je ne devrais pas m'informer pour savoir si le docteur Martin n'a pas été condamné auparavant pour faute professionnelle ? Je sens que ma tumeur grandit de jour en jour et il me met dans une position délicate en raison de la nécessité de cette intervention chirurgicale. Mais je ne suis pas prête à suivre les conseils du docteur Martin qui souhaite programmer l'opération. Je ne peux pas prendre ce genre de décision avant d'avoir bien réfléchi et analysé tout ce qui pourrait arriver.... »*

L'Émotif : « *Je savais que ma tumeur n'était pas cancéreuse ! Quelle bonne nouvelle ! Mes Anges m'ont dit que c'était bénin, mais quel soulagement de voir mon pressentiment confirmé par l'opinion du docteur Martin. D'après lui, l'opération prendra moins d'une heure. J'ai l'impression d'avoir de la chance, et je suis heureuse d'avoir un docteur digne de confiance. Je sais au plus profond de moi qu'avec lui l'opération se déroulera à merveille et que je serai en de bonnes mains. Je pense me remettre rapidement après l'opération, car je guéris rapidement. Et pendant ma convalescence à la maison, j'en profiterai pour rattraper mon retard dans mes projets de lecture et pour écrire à mes amis. Ce sera une occasion pour moi de me reposer et de prendre soin de moi. La tumeur grossit de jour en jour et me gêne de plus en plus. Je vais donc suivre les conseils du docteur Martin et planifier l'opération immédiatement. Je pense faire le bon choix. Même si c'est une petite opération, je serai heureuse et soulagée quand ce sera fini... »*

On constate les différentes réactions du penseur et de l'émotif.

En tant que « penseur », vous rencontrerez des difficultés dans plusieurs domaines qui perdureront jusqu'à ce que vous développiez et peaufiniez davantage vos sentiments. En tant que penseur, vous ne comprendrez pas trop. Car après tout, tout va bien pour vous jusqu'à présent, vous faites votre travail, vous faites face à vos obligations et vous venez à bout de vos problèmes. Pourquoi devriez-vous modifier votre manière de réagir aux défis et aux opportunités qui se présentent à vous ?

Parce que si vous rester un « penseur », vous ratez une grande partie de ce que la vie peut vous offrir. Les penseurs, semblables à l'exemple décrit ci-dessus qui devait subir une opération, sont le plus souvent des angoissés chroniques qui passent une grande partie de leur précieux temps et dépensent beaucoup d'énergie à se soucier de problèmes et d'événements qui ne se produiront jamais. Ils peuvent finir par en oublier les personnes qui les entourent, tant ils sont absorbés par les schémas de pensées négatifs et ne peuvent s'empêcher de s'apesantir sur les aspects négatifs de chaque situation ou défi qu'ils rencontrent, transformant ainsi chaque pas en avant en douloureuses tergiversations.

Par ailleurs, les « penseurs » sont sans cesse tourmentés par des schémas de pensée pessimistes que je qualifie de « rengaines négatives ». Des problèmes, des difficultés ou des opportunités inattendus déclenchent ces rengaines négatives, engendrant des craintes et des tourments intérieurs qui paralysent la prise de décision et la capacité à prendre des risques.

Comme nous l'avons vu dans le chapitre 7, nous sommes nombreux à avoir nos propres rengaines négatives qui nous ont été transmises par nos parents, d'autres membres de notre famille, nos amis, nos institutrices, des associés dans le cadre professionnel ou toute autre personne avec laquelle nous avons eu des contacts et ayant émis des critiques ou prononcé des choses négatives à notre encontre.

C'est étonnant de voir à quel point ces rengaines persistent sans relâche jusqu'à ce que nous réussissions à les effacer, grâce à notre processus de guérison. Pour venir à bout de ces rengaines négatives, il faut généralement faire appel à un thérapeute compétent qui pourra orienter votre guérison de manière objective, afin de s'assurer que vous les avez toutes effacées le plus rapidement possible. Si vous ne vous en débarrassez pas, elles ne cesseront de vous hanter et d'assombrir toutes vos relations personnelles et professionnelles.

Face à un défi, le « penseur » entend immédiatement des rengaines négatives : « *Je ne suis pas assez bon* », « *Je n'arriverai jamais à m'adapter* », « *Ils ne vont pas m'aimer* », « *Je ne suis pas assez intelligent* », ou « *Je n'arriverai jamais à rien* ».

Les « penseurs » sont tellement habitués à entendre ces schémas négatifs, qu'ils ne peuvent s'empêcher d'en subir l'influence négative, et ils finissent par croire en ces critiques répétées et à les considérer comme des « évangiles ».

La prochaine fois que ce refrain négatif reprendra, remarquez à quel point vous commencerez à perdre vos moyens et à manquer d'assurance. Les refrains négatifs engendrent également un niveau incroyable de tergiversations et de commotions mentales qui bloquent l'accès à vos sentiments plus subtils.

Par ailleurs, le penseur du précédent scénario qui se débattait avec ses décisions relatives à la nature de sa relation avec son âme-sœur a vécu le dilemme qui apparaît couramment en présence d'une lutte de pouvoir entre ce que votre tête vous dit de faire, qui est en général contraire à ce que votre cœur essaie de vous dire.

Très souvent, en pareil ca, les penseurs décident de ne rien faire immédiatement, mais s'asseyent et attendent « le moment de s'occuper de tout » ou espèrent que « tout ira bien d'une manière ou d'une autre ».

Si vous décidez de vous abstenir de toute prise de décision et par conséquent de ne rien faire, vous décidez de conserver un statu quo. N'oubliez pas que même si vous n'agissez pas, vous prenez la décision de ne pas progresser.

Apprenez à Faire Taire Vos Tergiversations Mentales

Pendant que vous vous efforcez de vous débarrasser de vos rengaines négatives et de les remplacer par des messages positifs, je vous suggère une technique simple pour vous aider à effacer vos schémas négatifs et à faire taire toutes les tergiversations mentales afférentes. En utilisant cette technique, vous pourrez accéder immédiatement et être réellement à l'écoute de vos sentiments.

Dès que vous entendez vos refrains négatifs, dites simplement, « *Stop !* » et attendez de voir si vous réussissez. Si votre cerveau continue de faire entendre ces schémas, répétez simplement, « *Stop !* » Normalement, je dois apprendre à mon cerveau à se taire au moins deux fois avant qu'il ne réponde. Je sais que cela peut paraître ridicule de parler à son cerveau, mais cela fonctionne !

Comment savoir si votre cerveau a réussi à faire taire ces rengaines négatives ? En ressentant une paix intérieure au plus profond de vous. Le silence mental sera assourdissant, en particulier si vous êtes un « penseur » invétéré. Asseyez-vous et ressentez cette nouvelle sensation de quiétude intérieure. Pendant un instant, soyez à l'écoute de vos sentiments.

En tant que penseur, l'un des problèmes les plus difficiles et les plus significatifs susceptibles de se présenter à vous serait de désirer entamer une relation sérieuse avec un « émotif ». Les constantes requêtes émotionnelles de votre partenaire pourraient semer la confusion dans votre esprit et vous mettre de mauvaise humeur. Et votre partenaire pourrait ressentir une infinie frustration en raison de ce qu'il perçoit en vous comme un blocage émotionnel et affectif.

Si vous êtes de type « penseur », vous commencez peut-être à entrevoir pourquoi de petits changements pourraient s'avérer nécessaires afin d'améliorer la qualité de votre vie. Pourquoi ne pas commencer dès maintenant à agir à partir de votre « siège » émotionnel ? Vous n'avez absolument rien à perdre et tout à gagner !

Vous ferez taire vos rengaines négatives et vous apprendrez à vous considérer, ainsi que le monde qui vous entoure, sous un angle totalement nouveau exempt du flot incessant de vos anciennes critiques.

Vos Anges finiront par réussir à vous transmettre des informations intuitives vitales, parce qu'elles ne seront plus noyées dans un grondement de tergiversations mentales.

Au lieu d'avoir tendance à rendre les choses beaucoup plus difficiles qu'elles ne le sont, vous pourrez prendre des décisions beaucoup plus productives qui vous permettront d'agir, ayant une meilleure maîtrise de tous les domaines de votre vie et vous ne ressentirez plus vos peurs ou vos doutes qui vous mettaient dans la position inconfortable de toujours devoir réagir aux autres personnes, aux problèmes et aux défis.

Les relations personnelles que vous développerez seront beaucoup plus proches, plus chaleureuses et plus satisfaisantes qu'avant, parce que vous interagirez avec les autres sur un plan émotionnel. Si vous partagez uniquement votre énergie mentale et votre corps physique avec votre partenaire, ce n'est pas un réel partage. Si vous désirez vraiment une relation sentimentale, intellectuelle, physique et spirituelle, vous devrez vous ouvrir à votre moitié sur le plan émotionnel et lui confier votre vulnérabilité naissante. C'est le seul moyen d'établir une véritable liaison romantique avec un autre être humain.

Comment réussir la métamorphose du « siège » mental au « siège » émotionnel ?

Vous devez commencer par apprendre à faire taire les tergiversations mentales générées par vos rengaines négatives en disant, « *Stop !* » jusqu'à ce que votre cerveau réagisse.

Puis, vous devrez commencer à apprendre à être à l'écoute de vos sentiments. Au début, cela pourrait entraîner une certaine confusion, tandis que vous apprenez à faire la différence entre ce que votre cerveau et ce que votre cœur vous disent. En pratique, les informations émises par votre tête seront négatives et déprimantes et celles provenant de votre cœur seront positives et encourageantes.

Si vous dites « *Je pense* », « *Je sais* », ou « *Je crois* », ce sont des signes révélateurs indiquant que vous êtes plutôt un « penseur ».

Recentrez-vous et orientez votre regard vers l'intérieur afin d'apprendre ce que vous ressentez. Essayez d'intégrer les phrases suivantes « *Je sens* » ou « *Je ressens* » dans votre vocabulaire.

Faites comme si vous vous étiez débarrassé d'une mauvaise habitude, comme par exemple, ronger vos ongles. A chaque fois que vous communiquez, prenez garde à votre tendance à être « mental ». Recentrez-vous, orientez votre regard vers l'intérieur et demandez-vous ce que vous ressentez. Votre détermination et votre engagement à vous concentrer uniquement sur ce que vous ressentez suffiront à produire des changements en vous.

Dans une certaine mesure, en communiquant d'un point de vue émotionnel, vous passerez par un processus comparable à l'apprentissage d'une nouvelle langue.

Au début, il faudra vous rappeler que vous devez parler une nouvelle langue qui est celle des sentiments et oublier votre ancienne langue qui est la pensée. Après avoir pratiqué la prise de décision émotionnelle et le langage du cœur, le ressenti deviendra une seconde nature. Croyez-le ou non, vous serez totalement convaincu après avoir constaté les différences occasionnées par les sentiments dans la qualité de votre vie.

Si des membres de votre famille, des amis ou d'autres personnes importantes à vos yeux sont « émotionnels », vous aurez tout intérêt à les impliquer dans votre métamorphose. Il est fort probable qu'ils seront ravis de vous aider à progresser, en vous apportant leur soutien et leurs encouragements émotionnels. Ils peuvent également vous rappeler à l'ordre quand vous déviez à nouveau vers votre ancien mode de communication ou de prise de décision en vous signalant, « *Vous le refaites !* », comme ils le feraient si vous vous rongiez les ongles.

Quand vos Anges n'auront plus à se débattre avec toutes les commotions mentales, vous recevrez des informations plus intuitives dont vous ne soupçonniez même pas l'existence. Outre l'aide que vous recevez de votre famille et de vos amis, si vous vous fiez aux conseils de vos Anges, vous progresserez et deviendrez plus rapidement « émotionnel » et vous gagnerez en confiance et en assurance.

Si vous souhaitez vraiment évoluer et modifier vos vieilles habitudes, cela prendra du temps, et il faudra vous armer d'un peu de courage et d'une certaine dose de ténacité, mais c'est certainement à votre portée. Vous progresserez et vous réussirez à devenir un « émotif ». Vous aurez confiance en vous quand vous devrez prendre des décisions, vous n'aurez plus peur de prendre des risques et vous gagnerez en spontanéité. Vous aurez hâte de pratiquer le channeling et de développer une relation romantique sur le plan émotionnel.

## *Les quatre Batteries dans votre corps*

Avez-vous déjà eu l'impression que vos « batteries » internes étaient presque à plat et que vous frisiez l'épuisement mental, physique ou émotionnel et vous saviez que vous deviez trouver un moyen d'arrêter de cesser vos activités en cours, jusqu'à ce que vous puissiez recharger vos batteries ?

Si c'est le cas, je salue votre conscience intuitive. Le corps humain possède quatre batteries internes qui déterminent les niveaux de l'endurance physique, de la vivacité mentale, de l'énergie émotionnelle et de la conscience spirituelle. Elles fonctionnent toutes indépendamment et permettent à notre corps de survivre et de fonctionner de manière productive.

Chaque batterie dispose d'une réserve limitée en énergie que nous devons recharger quand le niveau faiblit et lorsque nous commençons à ressentir la fatigue. Tandis que nous vaquons à nos activités quotidiennes, nous épuisons notre niveau d'énergie, mais nos batteries ont une capacité infinie à conserver des niveaux d'énergie croissants, pendant que nous développons notre faculté à produire et à recharger cette énergie.

### *La Batterie Physique*

La batterie physique détermine le niveau d'énergie du corps physique. Nous avons tous connu la sensation d'épuisement physique qui indique que le niveau d'énergie de la batterie est bas.

Pour recharger votre niveau d'énergie physique, vous pouvez manger, dormir, vous reposer, vous plonger dans un bain chaud ou même pratiquer de l'exercice physique.

### *La Batterie Mentale*

La Batterie Mentale maintient le niveau de vivacité et de conscience intellectuelle. Quand on ressent une fatigue mentale, notre cerveau ne parvient plus à se concentrer, ou à percevoir et à filtrer les informations.

Si vous lisez plusieurs fois le même passage d'un livre ou d'un magazine sans retenir ou comprendre son contenu, cela indique que votre énergie mentale est épuisée.

Pour recharger votre énergie mentale, vous devez arrêter de faire ce que vous étiez en train de faire jusqu'à ce que vous retrouviez votre énergie.

Quand on atteint l'épuisement mental, il est souvent accompagné par des maux de tête douloureux, car le « jus » est pressé et si vous persistez à vouloir réaliser votre travail mental, vous aboutirez à des frustrations contre-productives.

Le niveau d'énergie de votre batterie mentale augmentera dès que vous prendrez du recul par rapport à l'objet de vos réflexions et si vous vous impliquez dans un projet physique, spirituel ou émotionnel.

### *La Batterie Spirituelle*

La batterie spirituelle détermine notre capacité à pratiquer le channeling avec nos Anges et d'autres êtres sur le plan spirituel. Quand vous pratiquerez le channeling pour la première fois, vous serez probablement fatigué ou même épuisé après environ vingt ou trente minutes de communication et vous n'aurez plus d'énergie pour continuer.
Vous découvrirez qu'en pratiquant régulièrement le channeling, vous augmenterez votre niveau d'énergie disponible, car vous aurez élargi la capacité de réserve d'énergie de votre batterie spirituelle.

Les premières fois où j'ai travaillé sur ma faculté à pratiquer le channeling, j'étais si épuisée que je dus faire une sieste ! Avec de la pratique et de l'expérience, j'ai développé le niveau d'énergie de ma batterie spirituelle qui me permet de communiquer tous les jours avec mes Anges.

Pour recharger votre niveau d'énergie, il suffit simplement de faire une pause pendant plusieurs heures.

### *La Batterie Emotionnelle*

La batterie émotionnelle est responsable de l'équilibre émotionnel, du bien-être, de la confiance et de l'optimisme.

Certains signes indiquent clairement que votre batterie émotionnelle est « à plat » : si vous êtes déprimé, irritable, négatif, colérique, ou si vous pleurez sans raison apparente ou évidente. Vous pouvez également avoir un sommeil agité ou des problèmes digestifs ou d'élimination.

Contrairement aux batteries physique, mentale et spirituelle, la batterie émotionnelle est le seul centre d'énergie du corps humain qui doit être rechargée. En d'autres termes, il ne suffit pas d'arrêter de ressentir et d'attendre que le niveau d'énergie se reconstitue.

Pour recharger la batterie émotionnelle, vous devez planifier des événements et des activités que vous aurez à cœur de réaliser. Ces activités peuvent être relativement simples, mais vous devez vous en réjouir à l'avance.

Par exemple je recharge ma batterie émotionnelle en mangeant de la cuisine italienne, en dansant sur du Billie Holiday, en lisant un nouveau magazine, en regardant mes vieux films préférés, en me faisant masser, en pratiquant le channeling avec des membres de ma famille, en faisant de l'exercice, en allant au cinéma, au théâtre ou en faisant du shopping.

Combien de fois vous êtes-vous dit, « *Je suis tellement déprimé(e) ! Je n'ai aucun projet en vue qui me fasse plaisir, et je ne pense qu'au travail, travail, travail !* ». C'est normal que vous soyez déprimé(e) ! Qui ne le serait pas en pareil cas ?

Vous devez créer votre propre liste d'activités qui vous aideront à vous recharger. Vous ne pouvez compter sur quelqu'un d'autre pour faire de merveilleux plans pour vous, même votre seconde moitié. J'ai constaté que cela ne se produit pas vraiment. Vous devez assumer la responsabilité de faire vos propres plans afin de recharger vos réserves émotionnelles.

Vous pensez peut-être que c'est insensé de vous conseiller d'inclure de telles activités frivoles dans votre planning déjà surchargé. Vous ne pouvez vous permettre de ne pas prendre le temps de vous recharger !

Je comprends ce que vous pouvez ressentir. Quand mes Anges m'ont expliqué pour la première fois comment recharger ma batterie émotionnelle, je pensais qu'ils avaient « touché le fond » ! Je ne pouvais croire qu'ils me demandaient d'inclure des plages de repos dans mon emploi du temps surchargé. En tant qu'adulte, ma vie était devenue très stressante et pleine de problèmes et de responsabilités, si bien que j'en étais venue à penser que le jeu et le divertissement n'étaient plus réservés qu'aux enfants.

J'appris bientôt que lorsque je commençais à me sentir déprimée et épuisée sur le plan émotionnel sans raison apparente, je ne devais plus me sentir coupable. J'ai appris que j'avais raison de me sentir ainsi. Je partageais une telle quantité d'énergie émotionnelle avec les autres que mon niveau d'énergie était tout naturellement bas et je me sentais épuisée émotionnellement. A la fin de chaque semaine de travail, j'étais tellement déprimée et épuisée que j'étais prête à sauter par la fenêtre.

J'ai découvert que si je prenais juste un petit peu de temps pour recharger ma batterie avec une activité que j'appréciais vraiment, je retrouverais mon optimisme et j'adopterais une attitude positive face à la vie. Je pouvais ainsi reprendre mes activités professionnelles en étant reposée et avec un niveau d'énergie émotionnel supérieur.

## *Le channeling et le corps physique*

Votre capacité à pratiquer le channeling ne dépendra pas uniquement du niveau d'énergie de votre batterie spirituelle, mais également de la manière dont vous assurez la vitalité de votre corps physique.

D'après moi, nourrir votre corps avec des aliments dévitalisés, frits, du café, du sucre raffiné, de l'alcool, du porc, trop de viande rouge, de sodium ou de produits laitiers, peut à vrai dire réduire à néant vos efforts pour pratiquer le channeling de manière efficace, même si vous pratiquez depuis longtemps et en dépit de tous vos efforts.

Quand j'étais petite, ma mère m'appelait affectueusement la « Bonne Reine ». Malheureusement, mes habitudes alimentaires anarchiques ont persisté et quand j'ai commencé pour la première fois à pratiquer le channeling, je pense que le sucre raffiné, les boissons sucrées, le chocolat et les produits laitiers représentaient les quatre groupes alimentaires principaux ! Je ne comprenais pas pourquoi mon niveau d'énergie physique chutait toujours en fin de matinée et d'après-midi, jusqu'à ce que je me « recharge » avec une boisson sucrée, une barre chocolatée ou un biscuit apéritif. Quelle erreur ! J'épuisais inutilement ma précieuse énergie physique en ingurgitant des aliments industriels qui nécessitaient que mon corps travaille deux fois plus pour les digérer.

Après plusieurs heures de channeling pour des clients dans mon bureau, j'étais souvent totalement épuisée, à tel point que je devais annuler le reste de mes rendez-vous. Je ne comprenais pas pourquoi mon énergie de channeling disparaissait aussi rapidement chaque jour. Je finis par interroger mes Anges à ce sujet et ils me répondirent que je n'épuisais pas seulement mon énergie de channeling, mais que je me ruinais également la santé !

Pour préserver ma santé et rester une médium aussi « lucide » que possible, je supprimai le sucre raffiné sous toutes ses formes dans mon alimentation (y compris le chocolat !), la viande rouge et le porc, la caféine, le sodium, les produits laitiers, les boissons sucrées et toutes sortes d'aliments frits ou préemballés. J'entamai également une cure de vitamines et de minéraux recommandée par mes Anges.

Ce n'était, certes, pas facile, mais après avoir supprimé le sucre, le chocolat et la caféine pendant plusieurs semaines, toutes mes envies irrépressibles d'aliments dénaturés disparurent également.

Pour la première fois de ma vie, je débordais d'énergie, ma résistance à la maladie s'en trouva grandement renforcée, j'étais heureuse et énergique pendant toute la journée, et mon corps physique réagissait avec une nouvelle vigueur aux activités quotidiennes normales. Je réussis même à perdre les cinq kilos que je ne parvenais pas à perdre avant d'abandonner mes mauvaises alimentaires.

Vous vous demandez peut-être ce que je mangeais ? Ma nouvelle alimentation saine était constituée de fruits, de légumes, de céréales biologiques, de pâtes, de salades, de poisson, de poulet, de jus de fruits et de légumes, d'une boisson au soja qui accompagnait les céréales, de café décaféiné et de beaucoup d'eau. Je m'autorisais parfois un verre de vin. Et quelles sont les bonnes choses que je mange aujourd'hui ? Des yaourts allégés avec 0 % de matière grasse. Et quand je n'en pouvais vraiment plus, je me gâtais avec mon pêché favori : les pop-corn salés, car c'est la seule chose à laquelle je n'ai pas pu résister définitivement.

Après de nombreuses tentatives et erreurs et avec une grande dose de volonté soutenue par mes Anges, je continuai de modifier mes habitudes alimentaires jusqu'à ce que je trouve le régime le mieux adapté à mes besoins.

Qu'est-ce qui est le mieux pour moi ? Demandez à vos Anges et à votre médecin ce qu'ils recommandent en termes d'habitudes alimentaires et si vous avez besoin d'une supplémentation en vitamines et en minéraux. Ne modifiez pas radicalement votre façon de manger ou votre pratique sportive sans avoir consulté au préalable votre médecin ! Tandis que vous réorganiserez vos habitudes alimentaires, soyez toujours attentif à la manière dont votre corps physique réagit à ce nouveau carburant.

Vous découvrirez également que vos facultés de channeling seront renforcées par la pratique régulière d'un exercice physique, tel que la marche, la natation, la musculation, l'aérobic ou toute autre activité physique que vous appréciez.

Vous devez également dormir suffisamment pour pouvoir accéder clairement et de manière concise aux informations intuitives délivrées par vos Anges. Si vos Anges commencent à interrompre régulièrement votre sommeil, prenez un « rendez-vous » avec eux pour convenir d'un moment plus propice afin de vous laisser le temps de vous reposer.

De nombreux traitements New Age très bénéfiques commencent à être plébiscités par le public.

Je recommande en particulier le processus de purification de l'énergie spirituelle du corps.

Savez-vous que l'on utilise le sel de mer pour purifier les cristaux ? Vous pouvez également utiliser le sel de mer pour vous revitaliser, si vous vous sentez particulièrement épuisé ou fatigué, et cela peut également renforcer le niveau d'énergie de votre batterie spirituelle et émotionnelle.

Je vous recommande de vous procurer du sel de mer dans les boutiques spécialisées dans les produits naturels. Je tiens à vous signaler que l'on ne peut substituer le sel de table ou de roche pour ce type de purification.

Remplissez votre baignoire d'eau chaude et ajoutez trois tasses pleines de sel de mer. N'ajoutez ni savon, ni autre chose dans l'eau. Le but de ce bain est uniquement de vous détendre et de purifier votre énergie ! Trempez-vous pendant au moins vingt minutes. Puis, vous pouvez prendre une douche afin d'éliminer le sel de mer, mais en ce qui me concerne, j'aime sentir le sel sur ma peau pendant la nuit.

L'aromathérapie est un autre traitement de bien-être bénéfique qui combine les propriétés thérapeutiques des plantes, les « essences » de fleurs et les huiles dans le but de revigorer, de revitaliser, d'apaiser et de détendre l'esprit humain. Vous seriez surpris d'apprendre le nombre d'huiles et d'essences disponibles, chacune ayant des propriétés très distinctes que vous souhaiterez peut-être explorer et découvrir. Se tremper dans un bon bain chaud avec une délicieuse huile peut avoir un impact phénoménal sur votre niveau d'énergie physique, mentale et émotionnelle ! On trouve des produits d'aromathérapie dans presque toutes les boutiques spécialisées en produits naturels.

## *Le meilleur moment pour pratiquer le Channeling*

Comment trouver le temps de pratiquer le channeling dans un emploi du temps déjà surchargé ? Quand vous pratiquez le channeling, il ne vous faudra pas plus de dix à quinze minutes. Mais vous devrez prendre le temps, tout comme vous le faites pour vous entraîner, quand vous vous rendez à un rendez-vous, quand vous jouez avec vos enfants, ou toute autre activité que vous jugez importante. N'oubliez pas que nous pouvons toujours trouver du temps pour nos priorités.

## *A quel moment de la journée aurez-vous le plus d'énergie pour communiquer avec vos Anges ?*

Vous devrez effectuer des tests afin de déterminer le moment de la journée qui vous sera le plus favorable. Il est intéressant de noter que cela peut ne pas coïncider avec votre horloge interne.

Par exemple, je suis incontestablement plutôt un « oiseau de nuit ». J'ai l'esprit très embrumé et je ne suis pas très bavarde quand je dois me lever avant 6 heures 30 du matin. Alors que je suis beaucoup plus éveillée l'après-midi et j'ai habituellement un regain d'énergie vers 21 heures. Et bien que je n'en aie pas souvent l'occasion en raison de mon emploi du temps, j'adore me coucher tard.

Mais mon niveau d'énergie de channeling est à son maximum pendant la journée, entre 9 heures du matin et 21 heures ! Je ne pourrais pas pratiquer le channeling tard le soir, même en cas d'urgence, parce que ma batterie de channeling commence sérieusement à s'épuiser en début de soirée.

Dès votre réveil, essayez de réserver quinze minutes à la pratique du channeling, afin de déterminer votre niveau d'énergie à ce moment, pour entrer en contact avec vos Anges. Puis, un jour sur deux, essayez de pratiquer au moment du déjeuner, et enfin, le soir. Je peux vous garantir que certains moments seront beaucoup plus propices que d'autres en termes de niveau d'énergie.

## *Le meilleur endroit pour le Channeling*

Au début, choisissez un endroit calme où vous ne serez pas dérangé par un membre de votre famille, la télévision, la radio ou le téléphone. J'ai ainsi pu constater qu'un bon bain chaud pouvait constituer un endroit très productif pour entrer en contact avec mes Anges !

Je vous déconseille fortement d'essayer de pratiquer le channeling en conduisant. A mes débuts, j'avais décidé d'entamer une conversation avec mes Anges, alors que j'étais arrêtée à un feu rouge. Le feu passa au vert et je m'engageai dans le carrefour. Soudain, un de mes Anges apparut de manière tangible sur le siège à côté de moi et je manquai de peu de foncer dans un arbre !

Les restaurants et autres lieux publics sont également trop bruyants pour pratiquer le channeling, même si un ami ou un membre de votre famille vous supplie, « S'il te plaît, je n'ai qu'une question ! ».

Je ne pratiquerai jamais le channeling pour quelqu'un d'autre dans un lieu public, à moins que l'environnement ne soit très calme, parce que je veux être certaine de recevoir correctement les informations des Anges et préserver l'intégrité avec laquelle elles m'ont été transmises.

# CHAPITRE 9

# C'est Parti !

## *Techniques Pratiques*

Vous savez à présent comment communiquer avec vos Anges, il ne vous reste plus qu'à exercer vos talents de channeling. Si vous travaillez régulièrement, vous ne tarderez pas à découvrir à quel point vos informations intuitives seront de plus en plus précises. L'exactitude des informations que vous recevez est la base essentielle de toute communication avec les Anges.

Par ailleurs, vous serez surpris par l'ampleur et la précision des informations que vous recevrez, ce qui est tout aussi important pour la qualité et l'intégrité de vos lectures.

Que vous pratiquiez le channeling pour vous-même ou pour d'autres personnes, lorsque vous prenez

le temps de parler à vos Anges, vous voulez être certain d'avoir la possibilité de recevoir des informations exactes et précises à chaque fois que vous communiquez. La pratique vous permettra d'obtenir un flux constant considérable d'informations intuitives. Vos facultés d'interprétation s'aiguiseront considérablement et vous accéderez facilement aux informations de première importance des Anges.
Lorsque vous commencerez à pratiquer le channeling, votre niveau de confiance sera relativement faible. Ne vous découragez pas et surtout n'abandonnez pas.

N'oubliez pas que vos Anges vous parlent très souvent, que vous en soyez conscient ou non, et ce sont des communicants très enthousiastes. C'est leur seul et unique but quand ils travaillent avec vous. Il vous appartient de « réveiller » votre faculté de communication avec eux. Plus vous pratiquerez, plus vos facultés s'amélioreront et plus vous serez confiant. Je vous le garantis !

Pratiquer le channeling est comme faire du vélo. Vous avez commencé à apprendre à communiquer avec vos Anges pendant votre enfance, et par conséquent, vous possédez déjà toutes les facultés nécessaires à rétablir le contact avec vos Anges. Vous ne ferez que réveiller des facultés que vous avez déjà développées au début de votre vie.

Les recommandations suivantes sont des techniques pratiques faciles et agréables qui ont vu le jour à partir de mes séminaires sur les Anges. Ces exercices ont prouvé leur efficacité pour un grand nombre de personnes qui ont appris à se réapproprier et à développer leur faculté unique à communiquer avec leurs Anges. Avec un peu de pratique, vous aussi, vous en serez capable !

## *Prévoir les Evénements Sportifs*

Les événements sportifs vous offrent un moyen parfait d'exercer vos aptitudes au channeling. Vous pourrez vérifier votre précision dès que le jeu sera terminé. Tout au long de l'année, vous pourrez prédire les résultats des athlètes professionnels dans toutes les disciplines sportives telles que le football, les courses hippiques, le basket-ball, et même les tournois de golf.

Exercez-vous à pratiquer le channeling en prédisant quelle équipe remportera la victoire lors d'un événement particulier. Je vous encourage fortement à noter le nom des deux équipes qui se disputent la partie, la date et l'endroit où ils jouent. Concentrez-vous tranquillement pendant un instant et vous recevrez des informations des Anges sur l'équipe gagnante. Si vous le souhaitez, vous pourrez également recevoir des informations très précises et illimitées sur les équipes (les joueurs individuels, leurs blessures, leur jeu et l'équipe d'encadrement).

Quand vous ferez vos premiers pas dans la pratique du channeling, ne vous frustrez pas en essayant de prévoir le résultat de la Coupe du Monde de football. Attendez d'être un peu plus expérimenté pour pratiquer le channeling pour une équipe composée de plusieurs joueurs. Cela pourrait être source de confusion ou de frustration, alors que j'aimerais que vous appréciez cet exercice, et cela n'est absolument pas grave si vous n'aimez pas le sport.

Pendant des années, j'ai réalisé des pronostics sportifs exacts à la radio, à la télévision et dans des articles de journaux, sans avoir la moindre idée des règles de chaque sport et sans connaître qui étaient les joueurs. Que vous connaissiez par cœur les règles ou les joueurs, ou que vous n'ayez aucune connaissance en la matière, comme c'est mon cas, n'entravera en rien votre aptitude à réaliser des pronostics précis.

Un matin, je participais à une émission de radio très populaire, dont le producteur avait invité un célèbre commentateur sportif de la radio de Houson afin que nous fassions chacun nos pronostics sur un important match de football entre Pittsburgh et Houston.

J'entrai en communication avec mes Anges à la station de radio et ils m'informèrent que l'équipe de Pittsburgh allait gagner. Je l'annonçai à la radio, ce qui ne me valut pas les faveurs du public de Houston. Le présentateur sportif qui connaissait tout sur le football américain, prédit que non seulement l'équipe de Houston allait gagner, mais qu'elle allait également infliger une cuisante défaite à l'équipe de Pittsburgh. Tous les autres experts sportifs qui avaient été interrogés pendant l'émission s'accordèrent pour dire que Houston remporterait la victoire, et je commençais à me faire du soucis, après avoir annoncé mon pronostic erroné à des milliers d'auditeurs, mais mes Anges campaient sur leur position.

Je fus la cible de critiques et d'attaques pour ma position. N'étant pas une fanatique de sports, je ne comprenais pas vraiment l'objet de toute cette agitation, car je décidai de suivre l'avis de mes Anges, et tous les experts pensaient que j'avais perdu la tête.

Je savais que le processus de channeling s'était bien déroulé et mes Anges étaient convaincus de l'issue du match, mais j'avais cependant hâte de savoir si j'avais eu tort ou non. Par ailleurs, le présentateur sportif qui animait sa propre émission télévisée, ma promettait déjà qu'il ne manquerait pas de me rappeler une telle erreur et qu'il considérait comme totalement ridicules mes facultés psychiques. Et pour finir, j'étais inquiète, car je craignais que les auditeurs se méfient du processus de channeling.

Ce fut une expérience d'apprentissage très profitable pour tout le monde. Pittsburgh remporta 29 contre 24.

## *Prédire le sexe d'un Bébé*

Cela a toujours été l'un de mes moyens favoris d'exercer mon aptitude au channeling. Les femmes enceintes constituent pour vous une merveilleuse opportunité de tester vos facultés intuitives, mais contrairement aux prédictions sportives, vous devrez attendre un certain temps avant de pouvoir vérifier l'exactitude de vos prévisions !

Ecrivez simplement le nom de la mère et du père, ainsi que la date prévue de la naissance du bébé. Il arrive souvent que la date prévue de la naissance indiquée par mes Anges soit différente de celle indiquée par les médecins, c'est la raison pour laquelle je note ma propre date prévisionnelle accompagnée du sexe du bébé, de manière à pouvoir en vérifier plus tard l'exactitude.

Si vous ne connaissez pas de femmes enceintes, utilisez la télévision et les magazines en tant que sources d'informations sur les naissances à venir. Si la mère enceinte est célèbre, vous pouvez être quasiment certain que la naissance sera annoncée publiquement et vous pourrez alors confirmer vos informations.

Vous pouvez également accéder à d'autres informations telles que le poids et la taille du bébé, la couleur du bébé ou les éventuelles difficultés de la mère et du bébé à la naissance, si la grossesse implique une naissance unique ou multiple, ainsi que la santé du nouveau-né et de la maman.

Il y a plusieurs années, le mari d'un ami entra dans mon bureau pour une séance privée. Sa femme et lui formaient un couple heureux et ils avaient quatre belles petites filles.

Au cours de sa séance, un de ses Anges l'informa avec certitude d'une autre grossesse à venir. Il fut extrêmement surpris et s'exclama, « *Oh non ! Nous n'essayons absolument pas d'avoir un autre enfant ! Nous en avons déjà quatre ! Vous devez avoir mal compris !* ».

Ses Anges continuèrent à décrire un petit garçon qui ne tarderait pas à voir le jour, indiquèrent la date de conception et la date prévue de la naissance. Il quitta mon bureau en étant convaincu que ses Anges s'étaient trompés ou que j'avais mal interprété les informations intuitives.

Peu de temps après, sa femme m'appela pour m'informer de sa grossesse inattendue et qu'après avoir effectué des tests, ils avaient découvert que ce serait un garçon !

Outre une grossesse existante, ce récit illustre le fait que vous pouvez très bien recevoir des informations sur une conception ou une grossesse future, bien avant que les parents n'en soient informés !

## *Prédire des évènement actuels*

Des évènements actuels constituent des occasions d'aiguiser votre aptitude au channeling.

Vous pouvez prédire le résultat des élections politiques en inscrivant les noms des candidats, les dates, et le lieu où auront lieu les élections.

Vous pouvez également prédire le résultat d'une invasion militaire en notant le nom des factions en guerre, ainsi que le lieu de la confrontation.

Testez vos compétences sur l'avenir du climat économique futur d'un pays, en prédisant la hausse et la baisse des bourses nationales et internationales, la stabilité des taux d'intérêt, et l'évolution de la situation financière d'industries qui ont une incidence sur votre richesse et votre sécurité financière. Pour tous les sujets financiers, vous devrez écrire votre question financière et la date du jour de la demande, puis adressez simplement votre question aux Anges. Même si les informations qui vous seront transmises par la voie du channeling vous semblent insensées ou inattendues, prenez des notes détaillées que vous pourrez confirmer à mesure que la dynamique de votre lecture commencera à se dévoiler.

Les prévisions météorologiques peuvent constituer un objet d'étude, comme par exemple les tempêtes tropicales, les ouragans, et les éventuels tremblements de terre, les tornades et autres catastrophes naturelles. Même si vous éprouvez une certaine réticence à rechercher ce type d'informations négatives, cela peut vous rassurer de savoir que vous ne serez pas concerné par de telles catastrophes. Si on annonce une violente tempête, vous aurez une confirmation de votre avertissement et vous aurez le temps de prendre les précautions qui s'imposent.

Pratiquer le channeling sur les prévisions météorologiques présente un autre avantage. En effet, vous pourrez facilement vérifier vos informations à la télévision ou dans les journaux. Vous serez surpris par la quantité d'informations que vous pourrez recevoir et par la confiance que vous gagnerez en accédant aux informations fournies par les Anges sur notre mère nature.

Pour poser votre question sur les prévisions météorologiques, inscrivez précisément votre question, y compris le lieu sur lequel porte votre question, la date, et vous obtiendrez une réponse.

## *Pratiquer avec des photos*

Cet exercice est toujours particulièrement apprécié au cours de mes séminaires sur le channeling. Le public est toujours ébahi par la précision des informations livrées par les Anges en observant la photographie d'un étranger. Le sujet figurant sur la photo devra regarder directement l'objectif, afin de permettre au lecteur de ressentir « l'énergie » de la personne. Les photos peuvent représenter des personnes vivantes ou décédées, et même des animaux !

    C'est un exercice très amusant qui permet vraiment de prendre de l'assurance. Je vous recommande d'inviter plusieurs amis pour une soirée de channeling. Demandez-leur d'apporter des photos de leur famille ou de personnes qui vous sont chères afin que le reste du groupe puisse les utiliser pour s'exercer au channeling. Chaque participant devra choisir la(les) photo(s) qu'il souhaiterait le plus utiliser pour sa « lecture », et chacun son tour décrira la personne sur la photo en donnant le plus de détails psychiques possible. Dans cet exercice oral, il n'est pas nécessaire de tout écrire pour recevoir des informations des Anges. La photographie du sujet fournit le même type d'informations intuitives pour vos Anges que le fait d'écrire son nom.

## *Pratiquer en utilisant la psychométrie*

La psychométrie est l'aptitude à pratiquer le channeling en tenant un objet, en général quelque chose qui appartient à une autre personne, à propos de laquelle vous souhaitez recevoir des informations intuitives.

Voici un autre exercice excellent réalisé au sein d'un groupe. Demandez à des participants d'apporter avec eux des objets matériels qui appartiennent à une autre personne et qui serviront de support de « lecture » pour les autres membres du groupe. Chaque participant devra choisir l'objet qui l'attire le plus, et tout en tenant l'objet et en se concentrant, le membre du groupe décrira la personne à qui appartient l'objet. Le participant peut également recevoir de nombreuses autres informations supplémentaires, telles que la santé mentale, le bien-être émotionnel et l'état d'esprit du propriétaire de l'objet. Vous pouvez également pratiquer cet exercice en vous exerçant avec des photos. Il vous aidera à prendre confiance en vous et en votre faculté à pratiquer le channeling.

C'est un exercice oral, et par conséquent, il n'est pas nécessaire d'écrire pour recevoir des informations. L'objet matériel lui-même vous fournira des informations importantes et détaillées, parce qu'il est saturé par l'énergie de son propriétaire.

## *Pratiquer le Channeling pour d'autres personnes*

Voici une excellente technique si vous êtes quelque peu sceptique quant à la possibilité de communiquer avec des Anges, et si vous pensez que ce que vous « saisissez » intuitivement ne vient pas simplement de votre tête.

Si vous réalisez une lecture pour une autre personne, et si vous recevez des informations qui lui sont destinées à propos de choses qu'il était impossible pour vous de connaître, vous serez rapidement convaincu de la réalité du channeling. Cela sera extrêmement rassurant et vous aurez davantage confiance en vous quand vous pratiquerez le channeling avec un ami ou un membre de votre famille et leur communiquerez des messages importants de leurs Anges.

Etant donné que cela nécessite beaucoup de courage d'exercer vos aptitudes au channeling pour un tiers, je vous recommande fortement de commencer par vous familiariser avec les autres techniques avant de vous essayer à la « lecture » intuitive.

Si vous pratiquez, finirez-vous par acquérir la faculté et la confiance nécessaires pour pratiquer le channeling pour une autre personne et recevoir des informations exactes ? Bien sûr !

Vous serez animé par deux objectifs distincts quand vous transmettrez des informations obtenues par channeling à quelqu'un d'autre. Tout d'abord, vous lui fournirez des informations qui confirment ce qu'il sait déjà. Ceci n'est pas du tout surprenant. Après tout, leurs Anges communiquent régulièrement avec lui et essaient probablement de vous fournir les mêmes renseignements afin que vous les répétiez.

Par exemple, vous réalisez une lecture pour votre meilleure amie. Ses Anges vous informent qu'elle est sur le point de recevoir une promotion professionnelle. Elle vous précise qu'elle s'en doutait depuis quelque temps. Ou vous apprenez qu'elle pourrait rapidement créer sa propre entreprise. Votre amie vous répond qu'elle songeait depuis un certain temps à créer sa propre entreprise. Elle s'attendait, certes, à recevoir une promotion et elle avait pris conscience qu'elle devait créer sa propre entreprise, mais le fait que vous le confirmiez après avoir été en contact avec ses Anges est très important pour qu'elle réalise qu'elle peut se fier à son intuition et avoir confiance en elle.

Deuxièmement, vous fournirez des informations sur la dynamique qui se déroule derrière la scène, à l'insu de votre amie.

Par exemple, elle vous interroge sur son mari. Vous apprenez par les Anges que son mari entretient une liaison amoureuse avec sa secrétaire depuis un certain temps, et qu'elle est sur le point d'accoucher de son enfant. Ou vous apprenez que votre amie a une petite tumeur cancéreuse au sein gauche et qu'en se faisant opérer immédiatement, elle pourrait conserver sa poitrine, stopper l'évolution du cancer et vivre encore de nombreuses années en bonne santé.

Bien qu'inattendues, ces informations sont extrêmement précieuses, parce que votre amie perçoit quelque chose qui se passe actuellement ou qui est sur le point d'arriver sous un nouveau jour et elle sera en mesure soit de le prévenir ou de l'éviter. Elle n'appréciera peut-être pas ce qui se passe, mais grâce à vos informations, vous avez ménagé l'effet de surprise qui aurait pu lui valoir des hauts et des bas émotionnels. Il y a quelques années, j'effectuais une « lecture » pour une cliente de Houston qui s'inquiétait à propos du comportement « étrange » de son mari qui vivait alors en Nouvelle-Zélande.

Elle me précisa qu'ils s'entendaient bien depuis plusieurs années et qu'ils avaient décidé d'un commun accord de supporter un tel éloignement entre eux afin que son mari monte son entreprise. Ils avaient prévu qu'elle vienne le rejoindre un peu plus tard, quand ils en auraient les moyens.

Elle déclara que son mari semblait « bizarre » au téléphone au cours de sa dernière conversation téléphonique et elle était inquiète. Elle lui avait demandé s'il avait un problème, mais il la rassura et lui dit que tout allait bien, mais qu'il était simplement un peu plus stressé et sous tension que d'habitude, car il souhaitait faire « décoller » son entreprise.

Ma cliente m'interrogea sur le ton « bizarre » de son mari. Avait-il un problème de santé ? Ne se sentait-il pas bien ? Avait-il perdu tout le capital qu'ils avaient investi ? Avait-il changé d'avis à propos de sa société ? Se sentait-il seul ? Elle s'attendait à quelque chose, mais elle sentait qu'il ne lui avait pas avoué la réelle nature du problème afin de ne pas l'inquiéter.

Au cours de sa séance, nous eûmes la confirmation que quelque chose se tramait. Son mari avait entamé une relation amoureuse avec une jeune femme dont il était amoureux fou.

Ma cliente était choquée, car elle ne s'attendait absolument pas à cela. Au début, elle n'y croyait pas, puis elle demanda des informations plus précises. Je décrivis « l'autre femme », leur rencontre et leur lieu de rendez-vous amoureux. Ce fut une autre surprise désagréable. Ils se rencontraient dans la maison que son mari avait acheté pour lui et ma cliente et où elle devait le retrouver en Nouvelle-Zélande !

Puis ma cliente commença à assembler les pièces du puzzle. Elle se rappela qu'il lui avait semblé avoir entendu la voix d'une femme en arrière-plan, alors qu'elle parlait à son mari la semaine précédente, mais quand elle l'interrogea à ce sujet, il éclata de rire et lui dit qu'elle était folle. Elle se demanda aussi pourquoi le répondeur était toujours branché chez lui, même quand il était censé être là. Son mari n'était plus romantique, comme par le passé, avant son départ de Houston et « maintenant qu'elle y pensait », il s'était montré étrangement froid et indifférent à son égard. Il n'évoquait plus son arrivée imminente avec autant d'enthousiasme et d'empressement, comme avant.

Lorsque toutes les pièces furent assemblées, elle fut convaincue au plus profond de son cœur que les Anges avaient raison. Son mari la trompait avec une autre femme.

Sa question suivante fut, « Et maintenant, que dois-je faire ? Je veux l'entendre de sa bouche ! Je veux des preuves qu'il m'a trompée ! Je les imagine tous les deux dans la maison que nous devions habiter ensemble ! ».

Ses Anges lui répondirent que si elle voulait des preuves, elle devait lui parler en personne. Elle devait lui dire qu'un médium « l'avait vu » avec sa « petite amie » et qu'ils se rencontraient souvent chez lui. Elle devait également lui donner des détails physiques de cette jeune femme et lui dire depuis combien de temps durait cette liaison.

Ma cliente hésita à dévoiler toutes ses cartes et songea à faire appel aux services d'un détective privé pour prendre des photos compromettantes du couple. Car il ne pourrait pas réfuter des photos.

Ses Anges lui dirent qu'il n'était pas nécessaire qu'elle dépense de l'argent pour faire appel aux services d'un détective privé. Pour obtenir des preuves, il lui suffirait de suivre le plan d'action qu'ils lui conseillèrent. Cela ne lui coûterait rien d'autre qu'un appel téléphonique international. Ses Anges lui conseillèrent également d'enregistrer la conversation, car son mari lui avait en quelque sorte déjà donné des preuves de sa trahison, mais il ne manquerait pas de nier l'existence de cette conversation, après avoir admis son infidélité.

Elle quitta mon cabinet en larmes, doutant de la procédure à suivre, mais elle promit de me rappeler pour m'informer de sa décision.

Elle m'appela plusieurs jours plus tard. Elle me dit qu'elle avait le cœur brisé, mais qu'elle avait gagné, parce qu'elle avait réussi à avoir des preuves. Elle avait enregistré la conversation suivante :

> Elle : « *Chéri, lors de notre dernière conversation, j'étais inquiète, car je sentais que quelque chose n'allait pas bien.* »
> Lui : « *Tu es trop sensible. Je t'ai dit que tout allait bien !* »
> Elle (en pleurs) : « *Je pense que tu me trompes !* »
> Lui : « *Non ! Comment peux-tu imaginer une chose pareille ? Tu ne me fais plus confiance ?* »
> Elle : « *Non, et j'ai des preuves que tu me trompes...* »
> Lui : « *Tu es folle ! Pourquoi voudrais-je réduire à néant tout ce que nous avons construit ensemble ? Je sais que tu me quitterais si je regardais une autre femme !* »
> Elle : (Silence)
> Lui : « *Chérie ?* »

Elle : « *Je suis là.* »
Lui : « *Je t'aime.* »
Elle : (Silence)
Lui : « *Je ne crois pas que tu m'accuses ! Une autre femme ? Alors que je fais tout mon possible pour aménager la maison avant ton arrivée.* »
Elle : « *Vraiment ? Est-ce que c'est ça que tu fais la nuit ? Tu choisis les couleurs ?* »
Lui : (Très en colère) « *Vas-tu arrêter de me faire subir un interrogatoire ? Je n'y crois pas ! Tu vas trop loin ! Tu n'as aucune preuve.* »
Elle : (reniflant) « *Si, j'ai des preuves. Je sais que tu as une liaison avec une jeune femme que tu emploies en tant que chargée de clientèle. Elle a vingt-six ans et est très mince. Elle a des cheveux noirs et des yeux bleus. Elle est presque divorcée de son deuxième mari. Tu sors avec elle depuis deux mois exactement. Vous avez deux voitures différentes, elle a une Volvo et vous vous rencontrez dans notre maison, environ trois fois par semaine. Elle commence à en avoir assez que tu ne sortes jamais avec elle en public et que vous n'alliez jamais au restaurant. Après ces « rendez-vous dîners », elle passe la nuit avec toi. C'est pour cela que le répondeur est toujours branché quand j'appelle. Tu lui mens et tu lui dis que nous allons divorcer dès que j'aurai déménagé en Nouvelle-Zélande. Est-ce que tu veux d'autres preuves ?* »

Lui : « *Oh, mon Dieu, comment as-tu fait pour le découvrir ? Tu es à Houston et je suis en Nouvelle-Zélande ! Comment as-tu fait ? Tu as fait appel à un détective privé ?* »
Elle : « *Non, à un médium !* »

Si vous envisagez d'exercer votre aptitude au channeling en réalisant une lecture intuitive pour quelqu'un d'autre, je vous encourage vivement à ne le faire que pour des personnes qui présenteront une certaine ouverture d'esprit et un intérêt particulier pour ce processus intuitif.

Si vous essayez de réaliser une lecture pour quelqu'un qui ne souhaite pas vraiment recevoir des informations intuitives ou qui est hermétique et a une attitude négative ou sceptique à l'égard du channeling, vous êtes voué à l'échec. Vous transformerez une expérience passionnante en un processus frustrant et déprimant, et je tiens à vous prévenir que si vous effectuez une lecture pour ce type de personnes, vous en ressortirez épuisé et vous risqueriez d'affaiblir votre confiance en vos facultés de channeling. Recherchez des personnes tolérantes, éclairées, curieuses, enthousiastes et positives envers votre nouvelle aptitude à pratiquer le channeling.

Un de mes clients est un brillant entrepreneur et je suis toujours très heureuse de réaliser une lecture psychique pour lui en raison de sa conscience intuitive, de son ouverture d'esprit et de son degré de lucidité. Sa confiance en sa propre intuition lui a permis de créer et de développer de nombreuses affaires lucratives dans différents domaines industriels.

Cependant, en dépit de son ouverture d'esprit, il éclata de rire et exprima son scepticisme, lorsque je lui dis qu'une opportunité professionnelle inattendue dans l'industrie du divertissement allait se présenter à lui. Ses Anges lui disaient de se préparer pour un petit rôle dans un film dont la vedette était Charlie Sheen !

Lorsque je le vis lors de la séance suivante, environ quatre mois plus tard, il avait déjà joué dans le film dont je lui avais parlé et il attendait avec impatience d'autres rôles.

Même si au début, cela semblait totalement improbable (aussi bien pour moi que pour mon client) qu'il eût une opportunité de travailler en tant qu'acteur, il resta ouvert aux informations intuitives livrées par ses Anges.

Après avoir choisi un sujet (merveilleusement éclairé) et ouvert au channeling, demandez-lui de préparer des questions à poser à ses Anges, avant la séance, afin d'avoir un ordre du jour significatif et de tirer parti au maximum du temps que vous passerez ensemble. Ces questions devront représenter ses principales priorités. Déterminez une durée précise pour la séance, afin de ne pas épuiser vos batteries, et je vous suggère d'enregistrer la séance de channeling pour disposer d'un enregistrement exact des informations pour lesquelles vous avez travaillé. Cet enregistrement vous renverra également un retour positif de votre précision. Pour commencer, je vous suggère d'inscrire le nom et l'âge de votre sujet, ainsi que la date sur une feuille de papier. Inspirez profondément, concentrez-vous, invoquez leurs Anges et c'est parti !

Pratiquer le Channeling au cours d'un Salon Consacré aux Médiums

Développer votre aptitude au channeling en participant à un salon consacré aux médiums est de loin la technique la plus stimulante de toutes, mais je vous conseille de l'envisager uniquement après avoir réussi quelques lectures pour vos amis et les membres de votre famille.

Même après avoir acquis une certaine assurance au cours de précédentes lectures pour des amis ou des membres de votre famille, je tiens à ce que vous preniez conscience que le channeling pour un parfait étranger est une expérience totalement différente, mais dont vous serez totalement capable avec un peu de pratique.

Prendre ce type de risques peut présenter des avantages non négligeables. Un salon consacré au médiums constitue un terrain d'entraînement spectaculaire pour développer votre faculté à recevoir rapidement des informations de vos Anges, car vous ne disposerez que de dix ou quinze minutes avec chaque sujet. Ce type d'événement attire généralement des personnes qui ont une multitude de questions relatives à leur santé, leur vie professionnelle, l'état de leur relations personnelles, et au bien-être de leur santé.

A l'époque, bien qu'étant totalement « terrorisée », le fait de participer à plusieurs salons de parapsychologie s'avéra très profitable, lorsque je commençai à travailler avec mes Anges afin de développer mes capacités. Je me rappelle que l'on m'avait posé des questions qui m'avaient surprise et parfois choquée, et qu'étrangement, on ne me posa plus jamais !

Un samedi, au cours de mon premier salon consacré aux médiums, une jeune femme prit place à ma petite table, accompagnée d'un homme qui, de toute évidence, la suivait avec une certaine réticence et qui était, m'expliqua-t-elle, son deuxième époux. Il était le beau-père de ses deux jeunes et belles filles. La femme me murmura à l'oreille que ses filles avaient quitté le domicile familial, parce qu'elles avaient toutes les deux accusé leur beau-père de les avoir abusées sexuellement ! Les larmes aux yeux, elle adressa des gestes de colère en direction de son mari et souhaitait que je pratique le channeling afin de déterminer la vérité. Devait-elle croire les récits de ses filles ou le déni total de son mari face à ces allégations ? Les yeux grands ouvert, je fixai le mari du regard, il était étrangement passif et froid et me considérait avec davantage de curiosité que de crainte d'être reconnu.

Mais soudain, le mari sauta de sa chaise et se précipita aux toilettes. Heureusement pour moi, cela me donna l'occasion de parler seule à cette femme. Mon cœur battait furieusement, mais je reçus des informations des Anges qui me confirmèrent les soupçons de la femme et je les lui transmis calmement et en douceur. Son mari avait effectivement abusé de ses filles.

Toutes les questions que l'on vous posera ne seront pas aussi graves, mais si vous décidez de vous lancer et de travailler dans un salon consacré aux médiums, une bonne règle pratique consiste à s'attendre à l'inattendu, à être prêt à tout entendre.

Si vous envisagez sérieusement de devenir un médium professionnel, je vous encourage à participer régulièrement à des manifestations spécialisées afin de faire l'expérience de ce que vous pouvez recevoir quand vous recevez des informations de vos Anges pour d'autres personnes, et si vous aimez les transmettre. Cela vous permettra également d'avoir une meilleure compréhension de vous-même et de votre manière de travailler, et par ailleurs, vous pourrez lier des contacts intéressants avec une même communauté. La méthode de préparation est exactement la même que pour toute autre séance de channeling. Peu importe que le sujet soit votre tatie Véra qui est assise sur la table de votre cuisine ou un étranger qui souhaiterait que vous réalisiez pour lui une lecture. Notez le nom et l'âge de votre sujet sur une feuille de papier, respirez profondément, concentrez-vous et invoquez leurs Anges.

## *L'Etiquette Psychique*

***A faire et à ne pas faire quand on livre des informations transmises par Channeling à un tiers.***
    Lorsque vous aurez pris conscience de vos aptitudes au channeling et que vous communiquerez régulièrement avec vos Anges, un phénomène extraordinaire se produira. Une bande visible de lumière électrique commencera à irradier tout autour de vous et sera perçue par tous les Anges gardiens sur l'autre plan.
    Quand votre énergie électrique sera visible, les Anges gardiens seront attirés vers vous, car vous êtes réceptif à leurs informations et votre mode de communication est réciproque.
    Pourquoi les Anges gardiens d'autres personnes passeraient-ils leur précieux temps et leur énergie à communiquer avec vous ? Pour vous encourager à transmettre leurs messages à ceux qu'ils guident, comme si vous livriez un « télégramme » psychique.
    Nombreux sont ceux qui ignorent leur aptitude à pratiquer le channeling, et par conséquent, cela peut devenir très frustrant et pénible pour les Anges de communiquer de manière productive avec eux. A présent, vous savez pratiquer le channeling « couramment », et leurs Anges vous considèrent comme le « médiateur par excellence ».

J'essaie toujours de parler à mes clients à la fin de mes séminaires sur le channeling, afin de savoir ce qu'ils ont ressenti. La plupart des gens me confient qu'ils ont été contactés par des Anges gardiens qui leur demandent de transmettre diverses informations à des amis, des membres de leur famille, des collègues de travail, des connaissances et même à des étrangers. C'est si fréquent que je tiens à vous prévenir que cela peut vous arriver. Soyez-en conscient et tenez-vous prêt.

Même s'ils peuvent avoir des personnalités très différentes, la communication avec des Anges gardiens, autres que les vôtres, impliquera exactement les mêmes aptitudes. Ils vous parleront avec une douce persuasion dans l'espoir que vous aurez la gentillesse de transmettre des informations intuitives qu'ils ne doivent pas sembler véhiculer, parce que leur « intermédiaire » est trop fermé, distrait, pas assez conscient ou trop sensible. Des Anges d'autres personnes peuvent vous contacter une fois dans votre vie, ou ils peuvent régulièrement faire appel à vous en vous demandant de transmettre des informations. Plus vous serez disposé à délivrer leurs « télégrammes », plus ils vous demanderont de le faire.

Il vous appartient de décider si vous souhaitez transmettre ou non les informations générées par les Anges à une autre personne. Je vous promets que vous n'accumulerez pas de points karmiques négatifs si vous refusez. Les Anges se mettront tout simplement en quête d'une autre personne prête à pratiquer le channeling de manière plus productive.

Si vous décidez de communiquer ces informations intuitives, vous ne devrez pas forcément dire, « *Marie, ton Ange gardien vient de me dire de te dire que si tu es encore en retard une fois cette semaine, ton patron va te licencier !* ».

A moins que Marie ne soit très « éclairée », elle pensera probablement que vous avez touché le fond ! Vous feriez mieux d'introduire votre déclaration de la manière suivante, « *Marie, j'ai l'impression que si...* ».

Vous transmettrez la même information, mais vous éviterez ainsi de l'effrayer ou de la choquer, ou pire encore, vous pourriez susciter des railleries inutiles.

Quand j'ai commencé à pratiquer le channeling, j'étais vraiment très surprise par le nombre d'Anges gardiens d'autres personnes qui me contactaient pour me demander de transmettre des « télégrammes » à d'autres personnes ! Je pensais que s'ils s'adressaient à moi si gentiment, je devais être la bonne personne pour ce travail. Qui étais-je pour leur dire « non » ? Avais-je tort ou avais-je raison ? J'ai appris, parfois à mes dépens, que l'on ne me demandait pas de transmettre tous les télégrammes. Comment l'ai-je appris à mes dépens ? En transmettant avec trop d'enthousiasme des informations intuitives à d'autres personnes, sans tenir compte de leurs sentiments, comme quelqu'un qui viendrait de faire l'acquisition d'une toute nouvelle caméra et qui voudrait prendre des photos de tout le monde sans leur demander leur avis.

Par exemple, à chaque fois que je faisais la connaissance d'un homme et qu'il me donnait rendez-vous, son Ange gardien me rendait visite et me demandait de lui transmettre des informations. Notre conversation ressemblait ainsi à cela : « *Tom, ton Ange gardien m'a dit la nuit dernière de te dire que tu devrais faire un check-up. Tu as un souffle au cœur qui pourrait entraîner des problèmes plus tard dans ta vie...* ». Tom prenait peur, notre soirée était écourtée et bien sûr, je n'entendais plus parler de lui !

On me demandait également régulièrement de transmettre des informations intuitives à des étrangers. Cela se passait souvent quand je faisais des courses dans un supermarché, au pressing, chez le cordonnier, ou à la banque. Les Anges me transmettaient des informations très claires pour quelqu'un qui était à côté de moi.

Un jour, j'étais chez l'épicier après le travail, quand une femme est arrivée et s'est placée à côté de moi dans le rayon des surgelés. C'est alors que je reçus un « télégramme » pour elle.

« *Excusez-moi* », lui dis-je avec enthousiasme en me rapprochant d'elle, animée de bonnes intentions à son égard. « *Les chiffres que vous avez inclus dans le rapport que vous venez de déposer sur le bureau de votre patron sont faux. Vous aviez tellement hâte de vous rendre à votre rendez-vous ce soir que vous n'avez pas pris le temps de les vérifier comme vous le faites d'habitude. Vous devriez retourner au bureau pour les revoir. Cela pourrait faire la différence entre une promotion et un licenciement. De toute façon, la personne avec laquelle vous avez rendez-vous ce soir va annuler à la dernière minute. »*

La femme resta silencieuse, elle était abasourdie. Elle eut un mouvement de recul et semblait totalement incrédule. Elle se précipita vers la caisse comme si elle venait de rencontrer une personne atteinte de la peste bubonique.

Pourquoi est-ce arrivé, me demandai-je ? Je ne faisais que transmettre des informations fournies par des Anges ! Ses Anges m'avaient demandé de les lui transmettre ! Pourquoi étais-je si mal à l'aise et si embarrassée ? Je n'aurais jamais essayé intentionnellement d'effrayer quelqu'un ou de lui faire prendre conscience de quelque chose.

Je mis un certain temps à me rendre compte qu'il s'agissait d'une question d'ordre privé. Personne n'aime que l'on s'immisce dans sa vie privée et c'est exactement ce que je faisais en approchant des inconnus pour leur transmettre des informations fournies par leurs Anges. Même si j'étais animée par de bonnes intentions et si les informations provenaient directement de leurs Anges, je portais atteinte à leur vie privée.

Ce furent des expériences si difficiles à vivre pour moi et je dus affronter tant de réactions négatives pour pouvoir délivrer mes « télégrammes » que je restais ultrasensible aux sentiments des autres personnes et à leur droit à la vie privée.

En dépit de ma philosophie, il m'arrive donc parfois de transmettre des informations que l'on ne m'a pas demandé de transmettre. En général, je transmets des informations relatives à la santé ou au bien-être physique des personnes. Ce sont les deux exceptions.
Pourquoi faire des exceptions ? Si j'avais disposé plus tôt de certaines informations sur la santé de quelqu'un et que cela aurait pu avoir une incidence sur sa longévité, et si j'avais omis de les transmettre, je sais que je n'aurais pas pu continuer de vivre en sachant que cela aurait pu faire la différence.

Si j'avais disposé d'informations sur quelqu'un qui aurait pu permettre d'éviter une agression sexuelle, un enlèvement, ou un meurtre et si je ne les avais pas transmises, et si j'avais entendu que la tragédie avait bien eu lieu, je n'aurais jamais pu expliquer mon silence.

Par conséquent, même si je dois aborder un étranger en lui donnant des informations intuitives sur sa santé ou son bien-être, je le fais, tout en sachant à quelle réaction je m'expose. Mais en agissant de la sorte, j'ai transmis des informations de manière inopinée de la part des Anges, ce qui m'a permis de sauvé trois vies.

## *Comment choisir un bon Canal Psychique ?*

J'ai choisi d'écrire ce livre pour vous apprendre à communiquer directement et efficacement avec vos Anges gardiens individuels, mais il peut arriver que vous ayez besoin d'une autre personne pour pratiquer le channeling à votre place, même si vos facultés intuitives sont très développées.

Vous souhaiterez peut-être avoir la confirmation objective d'informations que vous venez de recevoir par channeling, ou il peut arriver que vous travailliez sur des problèmes extrêmement difficiles et que vous souhaitiez vous assurer que vous n'avez pas mal interprété ou mal compris les données intuitives fournies par vos Anges.

Quand je souhaite avoir la confirmation de données sensibles ou quand je m'autorise le luxe permettant à quelqu'un d'autre d'accéder à des informations fournies par les Anges pour moi, j'appelle ma mère qui est également un parfait canal de transmission.

Si vous décidez de rechercher un professionnel, vous devrez tenir compte des critères spécifiques suivants sur la manière de choisir un canal psychique reconnu et avisé. Les conseils sont les suivants :

1. Au lieu de consulter l'annuaire téléphonique, trouvez plutôt un médium professionnel par l'intermédiaire de quelqu'un que vous connaissez et respectez. Si vous partagez un même point de vue ou une même philosophie avec un ami, un membre de votre famille ou un collaborateur de travail, vous aurez davantage de chances d'être satisfait si cette personne vous conseille quelqu'un, que ce soit un médecin, un avocat, un coiffeur ou un comptable. Si personne de votre entourage n'a fait appel à un médium, ou s'ils ont fait de mauvaises expériences, ou si vous ne souhaitez parler à personne de votre entretien avec un médium, renseignez-vous auprès d'instances spécialisées, comme par exemple, une librairie spécialisée dans l'ésotérisme.
2. Si l'on vous recommande un médium, n'oubliez pas, lorsque vous appellerez pour avoir votre premier rendez-vous, de lui demander depuis combien de temps il exerce sa profession. Cela vous permettra de vous assurer que cette personne a davantage d'expériences que vous en la matière. Sinon, cela ne vaudra pas le déplacement.
3. Demandez-lui quels sont ses tarifs et ce que vous aurez pour cette somme ? La durée d'une séance est-elle déterminée à l'avance ? Pourrez-vous poser autant de questions que vous le souhaitez au cours de l'entretien ? Y aura-t-il des frais

supplémentaires ? Si oui, pourquoi ? Méfiez-vous des médiums qui disent, *« Oh ! Vous voulez savoir cela ? Je peux obtenir ce renseignement, mais cela vous coûtera encore... »*.

Le médium doit répondre à vos questions concernant son travail en faisant preuve de tolérance et professionnalisme. S'il répond à vos questions de manière évasive, expéditive ou hostile, remerciez-le et poursuivez votre recherche.

**4.** Avant de prendre un rendez-vous, vous devrez également demander si vous n'avez droit qu'à un nombre limité de questions. Pourrez-vous poser des questions concernant vos priorités actuelles ? Après tout, si vous souhaitez prendre un rendez-vous, c'est pour obtenir des réponses à vos questions ! Y a-t-il certains sujets à propos desquels le médium ne peut obtenir d'informations ? Vous ne souhaitez pas prendre rendez-vous avec quelqu'un qui vous donnerait des réponses générales telles que *« Oh, oui, vous allez avoir un nouveau poste, mais je ne sais pas exactement si ce sera dans trois semaines, dans trois mois ou dans trois ans. »*.

Vous méritez des informations beaucoup plus explicites que cela. Après avoir lu ce livre et avec de la pratique, vous serez capable de recevoir des informations beaucoup plus précises !

Assurez-vous que vous aborderez la question pour laquelle vous avez pris un rendez-vous, et que le médium que vous allez consulter a suffisamment d'expérience pour pouvoir répondre précisément à vos questions.

5. Demandez au médium s'il dispose d'un dispositif pour enregistrer votre séance et si vous devez fournir la cassette d'enregistrement. S'il n'offre pas ce service, insistez pour amener votre propre matériel d'enregistrement. S'il refuse, adressez-vous à un autre médium.

Un bon médium souhaitera que vous conserviez un enregistrement exact des informations transmises par le biais du channeling. Dans mon cabinet, j'insiste pour que chaque séance soit enregistrée, même si le client n'est parfois pas d'accord. Après chaque séance, je donne la cassette à mon client qui est libre d'en faire ce qu'il veut. Les informations que j'ai transmises à mes clients leur appartiennent. Ils m'ont accordé un échange équitable d'énergie pour le temps que je leur ai consacré et il m'appartient de leur restituer exactement les propos rapportés.

N'envisagez même pas d'essayer de consigner le rapport de votre séance sur un carnet de notes. Très souvent, un médium parlera trop rapidement pour que vous ayez le temps de tout écrire, et vous raterez certainement quelque chose. Vous risquez trop d'être distrait et cela représente une perte de temps de tout retranscrire par écrit. Pourquoi devriez-vous une fois de plus tout faire vous-même ?

**6.** Informez-vous pour savoir si votre séance restera confidentielle. Toutes vos questions devront rester confidentielles et ne devront pas quitter le cabinet du médium.

Au fil des ans, j'ai réalisé des séances de channeling pour des clients très célèbres qui s'inquiétaient de mes règles de confidentialité. Selon moi, un médium doit respecter la même règle de secret professionnel, tout comme les médecins, les prêtres, les avocats, etc. En ce qui me concerne, je ne consulterai jamais un médium qui assisterait à des émissions télévisées pour discuter de personnalités et de ses prédictions pour celles-ci.

Pourquoi suis-je une militante aussi acharnée de la confidentialité ? Il y a de nombreuses années, j'ai commencé à pratiquer le channeling en ayant des engagements avec la radio locale de Houston, ainsi qu'à la télévision où je répondais à des questions et je faisais de prédictions sur des personnalités qui ne faisaient pas partie de ma clientèle. Et en dépit de nombreuses sollicitations, j'ai toujours fermement refusé de révéler publiquement l'identité de mes clients et l'objet de leur visite.

Il m'est apparu récemment que si je refusais de révéler l'identité de mes clients en raison de la violation de la vie privée et de la confiance qu'ils m'ont donnée, je ne devrais même pas envisager de discuter de quelqu'un que je n'ai jamais rencontré.

Réaliser des prédictions à propos de la santé, du mariage, des enfants, de la carrière et d'autres facettes de la vie d'une personne, sans avoir obtenu au préalable son consentement, est la pire des choses et me rend physiquement malade.

A présent, je refuse systématiquement les propositions de participations à des émissions de télévision locale ou internationale destinées à discuter de prédictions personnelles à propos de célébrités ou de toute autre personne.

7. Au cours d'une séance avec un médium, soyez attentif à d'éventuels signes évidents d'hostilité qui pourraient teinter les informations transmises par le biais du channeling.

Par exemple, de nombreuses années avant que je ne devienne médium, j'avais consulté une médium, qui, de toute évidence n'avait pas résolu tous les problèmes avec les hommes. Et au cours de ma séance, quand je l'interrogeais sur les possibilités d'une éventuelle relation avec un homme en particulier, elle noircissait toujours le tableau et montrait toujours une certaine hostilité envers ce type de questions. Elle s'emportait de manière excessive face à mon indécision et à mon besoin d'un homme particulier dans ma vie.

*« Après tout, disait-elle, vous pourriez désigner n'importe quel homme par la fenêtre, ils sont tous pareils. Peu importe celui que vous choisissez. Vous finirez par être déçue, malheureuse et le cœur brisé, comme nous le sommes toutes. »*

Inutile de dire que la lecture ne se déroula pas au mieux. Je ne reçus pas les informations les plus importantes dont j'avais besoin en raison de son hostilité non résolue. Non seulement, je venais de gaspiller mon temps, mon argent et mon énergie pour rien, mais j'étais épuisée et déprimée en sortant de chez elle et je me précipitai pour acheter une boîte de chocolat que j'engloutis sur le chemin du retour !

8. Méfiez-vous des médiums qui affirment qu'ils sont les seuls à pouvoir recevoir des informations par voie de channeling, ou qui essaient de vous persuader que vous êtes incapable de prendre une quelconque décision sans l'intervention d'un médium. Ce comportement dénote un esprit manipulateur et vise certainement à vous extorquer un maximum d'argent. Dans ce cas, même si ce sont de bons médiums, fuyez, car ils

sont davantage intéressés par votre porte-monnaie que par votre évolution spirituelle.

Si vous avez vraiment pris le temps de pratiquer, vous savez à présent que vous êtes capable d'accéder à vos propres informations intuitives transmises par vos Anges.

**9.** Ne laissez aucun médium (ou toute autre personne) vous forcer à prendre un rendez-vous. Après un premier contact téléphonique, vous saurez si c'est la bonne personne.

Si vous avez déjà assisté à une séance avec un médium, vous saurez si vous souhaitez prendre un rendez-vous. Quand mes clients me demandent s'ils doivent revenir pour une autre séance, je leur réponds qu'ils sauront intuitivement s'ils doivent revenir. Ils me rappelleront alors pour prendre un autre rendez-vous.

**10.** Même si un médium peut se montrer très convaincant, sachez qu'il n'y a pas de mauvais sort.

## *Il n'y a pas de solution rapide*

J'aimerais préciser quelques points sur le « mauvais sort ». Depuis que j'ai commencé à travailler en tant que médium, je suis surprise de voir le nombre de personnes intelligentes qui m'ont consultée dans mon bureau, parce qu'elles étaient convaincues qu'on leur avait jeté un « mauvais sort ».

Comment peut-on croire une chose pareille ? Peut-être parce qu'elles ont consulté récemment un médium qui a réalisé pour elles une brève lecture pour une somme d'argent modique et qui a été particulièrement précise. Elle a décrit leur carrière, leur mode de vie, leurs amis et les membres de leur famille avec une précision exceptionnelle, et ce faisant a progressivement établi une relation de confiance avec elles.

Ces personnes rapportent qu'après avoir terminé ses révélations psychiques sur leur vie personnelle et professionnelle, le médium a « découvert » qu'elles étaient victimes d'un « mauvais sort » jeté par un membre de leur famille mécontent ou un collègue de bureau vindicatif qui voulait leur nuire. Le médium les avertissait que si elles ne se débarrassaient pas de ce « mauvais sort » immédiatement, elles devraient en subir les conséquences douloureuses.

Des personnes intelligentes et rationnelles peuvent être habilement manipulées par un médium qui leur aurait livré des informations très précises.

Ces personnes demandent alors « *Que puis-je faire pour conjurer ce « mauvais sort »* ?

« *Oh, répond le médium, Vous avez de la chance d'être venu me trouver ! J'ai des années d'expériences dans ce domaine. Je vois que votre mauvais sort sera particulièrement difficile à éradiquer. Si je n'arrive pas à le conjurer, je « vois » que vous risquez de perdre votre emploi (votre époux(se), votre argent, votre maison, votre santé, etc.) et je ne serai pas responsable.* »

Puis Mme X vous indiquera vaguement combien de temps il faudra pour conjurer ce mauvais sort avec une prière et expliquera la procédure secrète qui consiste à remplir un sac particulier avec plusieurs effets personnels appartenant à la victime du « mauvais sort », ainsi que d'autres objets.

Le rituel « de conjuration du mauvais sort » sera réalisé par Madame Lagonga qui l'enterrera dans un endroit secret, avec l'intention de le déterrer pour une inspection future qui permettra de déterminer si le mauvais sort a bien été conjuré.

D'après les récits de certaines personnes, le coût d'une telle « conjuration de sort » peut s'élever à plusieurs milliers d'euros. Comment des personnes intelligentes et rationnelles peuvent-elles se faire avoir par de tels boniments ? Vous seriez surpris par la force de conviction de ces bonimenteurs. Après tout, ils ont des années d'expériences et gagnent leur vie en trompant des clients vulnérables.

Je souhaite vous éviter d'être leur victime en vous armant de la vérité. Tout d'abord, malgré tout ce que vous pouvez entendre, les mauvais sorts n'existent pas.

Il est impossible pour quiconque, en dépit de toute l'animosité qu'il pourra avoir à votre égard ou de la force de ses pouvoirs psychiques et intuitifs, de vous jeter un sort. Ne croyez pas ceux qui prétendent qu'un tiers est capable de contrôler votre vie.

Aucune influence extérieure ne peut entraîner votre licenciement, éloigner votre conjoint ou avoir une incidence sur votre santé. Si vous n'êtes pas heureux aujourd'hui, ou si vous n'êtes pas satisfait de votre vie, cela n'a rien à voir avec une quelconque influence extérieure qui vous empêcherait de progresser. Votre réussite, la paix de votre esprit et votre conception du bonheur dépendent de ce que vous créez pour vous-même chaque jour.

Soyez certain qu'aucune potion et aucun charme ne peut entraîner une grossesse, obliger votre conjoint(e) à revenir vers vous, vous offrir de nouvelles opportunités professionnelles, créer le chaos dans la vie d'une autre personne ou vous aider à gagner le gros lot à la Loterie nationale.

Vous devez comprendre qu'il n'y a pas de solution rapide, susceptible de résoudre tous vos problèmes ou les difficultés que vous rencontrez. Tout ce que vous réalisez et accomplissez naît de votre faculté à développer votre confiance en vous, à prendre les risques nécessaires et à votre résistance à l'effort. Il n'y a pas de raccourcis possibles.

# CHAPITRE 10

# Questions et réponses

Les questions suivantes m'ont été posées au fil des années par des personnes ayant participé à mes séminaires sur le channeling. J'espère qu'elles vous éclaireront dans votre quête vers l'illumination et qu'elles vous aideront à développer votre relation avec vos Anges.

■ *Que se passe-t-il quand je ressens la présence d'un membre de ma famille décédé autour de moi en permanence, puis soudain, la sensation que leur énergie disparaît ?*

Vous pouvez ne plus ressentir l'énergie d'un membre de votre famille décédé pour plusieurs raisons. Quand une personne que l'on a aimée passe sur un autre plan, elle s'inquiètera souvent pour notre bien-être et choisira de planer autour de nous afin de nous protéger. Quand le membre de notre famille décédé est certain que nous n'avons plus besoin de ses conseils ou sa protection parce que nous fonctionnons désormais de manière productive, il poursuit sa route pour se forger une nouvelle existence sur le plan céleste.

En outre, nous pouvons ne plus ressentir la présence d'une personne décédé que l'on a aimée, parce qu'elle est retournée sur le plan physique dans un nouveau corps physique pour une nouvelle existence.

Quand une âme entre dans un autre corps physique et entame une nouvelle vie, nous ne pouvons plus entrer en contact avec cet individu en tant qu'être céleste, parce qu'il n'est plus sur l'autre plan. Cependant, si nous souhaitons recevoir des informations sur leur nouvelle vie ici, sur le plan physique, nous pouvons certainement le savoir par l'intermédiaire de nos Anges. ■

■ *Est-ce plus facile de pratiquer le channeling avec une personne décédée que l'on a aimée qu'avec un Ange gardien ?*

Communiquer avec les personnes décédées que l'on a aimées est très semblable à la communication avec les Anges, parce qu'ils existent tous côte à côte dans l'au-delà, ou à ce que je qualifie de « l'autre plan ». Cependant, vous connaissez déjà les personnes que vous avez aimées et cette relation antérieure facilitera définitivement vos contacts qui pourront vous paraître plus tangibles.

Au cours de mes consultations, de nombreux clients commencent leur séance en me décrivant le décès récent d'une personne aimée, puis ils s'exclament tout haletants, « *Vous devez penser que je suis fou(folle), mais j'ai vu ma tante Sarah la nuit dernière ! Puis, ce matin, elle m'a parlé dans ma voiture !* ».

Avant d'organiser des séminaires sur les Anges, je ne me rendais pas compte du nombre de personnes qui avaient vécu ce phénomène et vu et entendu des personnes décédées qu'elles avaient aimées et qui étaient revenues pour leur parler. Communiquer avec tante Sarah est d'une facilité enfantine, parce que vous la reconnaissez immédiatement. Vous vous souvenez du son de sa voix, du vocabulaire qu'elle utilisait et de son apparence quand elle était encore ici, sur le plan physique. Aussi incroyable que cela puisse paraître, vous savez que vous avez effectivement parlé à tante Sarah, parce que vous la connaissiez très bien. Avec un peu de pratique, vous pourrez connaître tout aussi bien vos Anges gardiens. ■

■ *Pouvons-nous recevoir des informations intuitives sur une autre personne sans son autorisation ?*

Tout à fait, et on ne considère pas cela comme une intrusion dans la vie privée.

Pour nos Anges, toutes les questions que nous posons à propos d'une autre personne sont valides et dignes d'intérêt, tant que nous la posons dans le but de résoudre un problème, d'améliorer une relation ou de progresser sur le plan spirituel.

Depuis les nombreuses années que je pratique le channeling, on m'a dit une seule fois que des informations intuitives au sujet d'une autre personne n'étaient pas disponibles pour mon client.

La situation était assez amusante. Ma cliente m'interrogeait à propos de la vie amoureuse de son frère et voulait savoir s'il allait finalement se marier avec sa petite amie. L'Ange de son frère ne tarda pas à se manifester et exigea clairement que je dise à mon client *« Cela ne le regarde pas du tout ! »*. Je fus très surprise d'avoir reçu une réponse aussi brusque, car la question de ma cliente semblait bienveillante et appropriée, mais je lui transmis malgré tout ce que les Anges m'avaient dit. Elle leva sa tête en arrière, éclata de rire et m'expliqua *« C'est ce que mon frère ne cesse de me répéter ! »*.

Normalement, vous n'aurez aucun problème à accéder à toutes les informations que vous désirez sur une autre personne. D'après mon expérience, les Anges nous reprochent toujours de ne pas leur poser assez de questions !

Si vous ne savez pas quoi demander, reportez-vous à la liste exhaustive de questions du Chapitre Quatre. ■

■ *Récemment, je me suis réveillé au milieu de la nuit et je n'ai pas réussi à me rendormir. Est-ce que cela a un rapport avec mes Anges ?*

Il est fort probable que vos Anges vous réveillent au beau milieu de la nuit, parce qu'ils essaient de vous communiquer des informations à un moment où vous êtes le plus disponible, et où vous ne risquez pas de sombrer dans la confusion pendant une journée surchargée. La prochaine fois que vous vous retrouverez totalement éveillé au milieu de la nuit, il se peut que ce ne soit pas du tout dû à une insomnie. Ce sont vraisemblablement vos Anges qui essaient de vous parler.

Si cela se produit, vous souhaiterez peut-être reporter le « rendez-vous » à une date plus propice ou profiter immédiatement des informations que votre Ange essaie de vous transmettre par le biais du channeling, en utilisant un carnet et un crayon que vous gardez près de votre table de chevet. ■

■ *Les Anges peuvent-ils me fournir des informations sans que je les leur ai demandées ?*

Absolument, et beaucoup plus souvent que vous ne pouvez l'imaginer. C'est ce que l'on appelle le « savoir entendu » qui est la forme de communication la plus courante utilisée par les Anges. Jusqu'à ce que vous appreniez à parler à vos Anges lors de conversations à double sens, ils vous « infusent » des informations intuitives importantes que vous pouvez percevoir comme faisant partie de votre processus de pensée ou de votre « intime conviction ».

Par exemple, par une claire soirée d'automne, une voix intérieure (que vous pouvez considérer comme votre « voix instinctive profonde ») vous enjoint de mettre à l'abri dans le garage votre toute nouvelle voiture. Bien que cela ne vous semble pas vraiment justifié à ce moment-là, vous décidez de vous fier à votre instinct. Peu de temps après, le ciel s'assombrit et sans prévenir une pluie de grêle s'abat dans votre région, causant d'importants dégâts à tous les autres véhicules dans le voisinage. ■

■ *Pourquoi tant de personnes choisissent de revenir sur le plan physique maintenant, alors qu'il y a tant de violence dans le monde ?*
Il y a toujours eu beaucoup d'ignorance, de dangers et de violence sur le plan physique. Toutes les périodes de l'Histoire regorgent de récits relatant ce que dut endurer et souffrir la population.

Dans une vie antérieure, vous avez peut-être vécu la terrible peste bubonique, été l'innocente victime torturée de l'Inquisition espagnole, ou vous avez peut-être trouvé la mort suite à la famine en Irlande, vous vous êtes peut-être noyé lors du naufrage du Titanic, ou vous vous êtes suicidé lors de la Grande Dépression. ■

■ *Pourquoi choisir délibérément de revivre de telles difficultés et épreuves, alors que l'on pourrait rester dans l'au-delà ?*
Lorsque nous vivons sur le plan spirituel en tant qu'êtres célestes, nous considérons comme une merveilleuse opportunité le retour dans un corps

physique, afin de continuer à travailler sur nos problèmes et d'accomplir la mission de notre vie, qui nous permet de faire la différence qualitative par rapport aux vies d'autres personnes.

Le plan physique, avec toutes ses difficultés, représente un terrain d'entraînement, ou un camp d'entraînement spirituel, où nous avons en permanence des occasions de nous élever et d'améliorer le niveau de notre conscience, en fonction de notre comportement et par la bonté, le respect et la considération dont nous faisons preuve à l'égard des autres personnes. ∎

### ∎ *Qu'est-ce que la « lumière blanche » ?*

La lumière blanche est un faisceau d'énergie électrique céleste qui irradie de manière invisible autour du corps physique afin de le protéger et de la guérir.

On entend souvent dire que l'on « s'entoure d'une lumière blanche » pour accentuer les propriétés protectrices et de guérison de cette énergie électrique.

Comment s'entourer d'une lumière blanche ? Fermez les yeux et imaginez que tout votre corps est enveloppé d'une énergie blanche argentée.

On me demande souvent à quel point cette lumière blanche est réellement protectrice. J'ai rencontré des individus qui se sentaient totalement à l'abri de tout danger, après avoir réalisé l'exercice de renforcement de la lumière blanche tout autour d'eux.

Je ne suis pas d'accord. Je suis persuadée de l'existence d'une lumière blanche céleste, car je la sens en permanence irradier autour de mon corps, et je l'ai « vue » psychiquement irradier autour de mes clients au cours de séances privées. Cependant, d'après mes observations au cours d'enquêtes sur des crimes violents et les familles de victimes de crimes, je crois davantage en ma propre intuition pour éviter le danger et les blessures. Je ne pense pas que se fier uniquement à une lumière blanche peut suffire à se protéger contre les événements, les blessures ou les maladies inattendus. ■

■ *Votre corps ressent-il des réactions physiques au cours du channeling ?*

Oui, la plupart du temps ! Normalement, j'ai toujours froid, mais dès que j'entame le processus de channeling, la température de mon corps augmente et je ressens des bouffées de chaleur.

Par ailleurs, quand les Anges me livrent des informations significatives ou particulièrement importantes à transmettre à un client, mes yeux s'emplissent légèrement de larmes et très souvent j'ai la « chair de poule ».

Nombre de mes clients halètent et frottent leurs mains, parce qu'ils ressentent également une sensation de chair de poule. C'est une confirmation des Anges, relative aux informations transmises par channeling au cours de nos séances privées.

Si je commence à pratiquer le channeling en ayant de légers maux de tête, ils disparaissent très rapidement en raison de l'augmentation du flux d'énergie électrique qui circule à travers mon corps. Je perds également toute notion de temps, toute sensation physique de douleur, de faim et de soif pendant le channeling.

Des heures de channeling peuvent être épuisantes, mais ce processus m'emplit d'une sensation euphorique émotionnelle et spirituelle qui renforce sensiblement mon niveau d'énergie physique. ■

■ **Pourquoi certaines personnes doivent-elles faire face à des défis physiques ou intellectuels dès leur naissance ?**

Bien que cela nécessite une certaine force et un certain courage, nous choisissons tous de faire face à des défis physiques et intellectuels dans des vies particulières, afin de nous aider à résoudre des problèmes plus rapidement et de manière plus productive. Même si un défi physique ou intellectuel peut sembler insignifiant, il viendra bien évidemment s'ajouter aux difficultés de la vie, créant ainsi des opportunités supplémentaires d'évolution spirituelle.

Hélène Keller représente à merveille l'exemple d'une personne qui a été confrontée, dès son plus jeune âge, à des handicaps physiques importants et qui a travaillé dur pour les surmonter et pour vivre une vie riche en réalisations.

Joseph Merrick, connu sous le nom d'« Elephant Man », dut faire face à de terribles difficultés en raison de ses difformités physiques. Enfant, il souffrit de la cruauté des hommes qui le faisait parader dans un spectacle de phénomène de foire, puis adulte, il grandit dans une société victorienne qui se montrait peu charitable à l'égard des personnes différentes et handicapées.

Les vies au cours desquelles nous sommes confrontés à des défis physiques ou intellectuels nous permettent de tirer des leçons sur des thèmes tels que la compassion, la sensibilité, la compréhension, la bonté, l'objectivité en présence de difficultés et d'épreuves. Après avoir vécu personnellement un handicap, nous avons la responsabilité spirituelle d'aider à traiter ceux qui doivent endurer des épreuves similaires en faisant preuve de compréhension, de respect, de bonté et de dignité. Nous sommes censés transposer notre illumination supérieure dans toutes nos vies futures en tant que balise lumineuse que nous devons partager avec ceux qui ont moins de chance. ■

■ *Choisissons-nous la manière et le moment de notre mort ?*

Pendant que nous sommes encore dans l'au-delà, nous déterminons toutes les caractéristiques de notre prochaine vie sur le plan physique, y compris le sexe, le lieu où nous vivrons, nos parents, notre situation économique, la nature de notre travail, ainsi que les problèmes que nous avons l'intention de résoudre.

Nous déterminons également la manière dont nous allons mourir, ainsi que le moment exact où nous retournerons dans l'au-delà. Dans certaines vies, cela peut se produire dès la petite enfance. Dans d'autres, nous restons sur le plan physique jusqu'à un âge avancé. Chaque vie présente ses particularités et est unique. ∎

∎ *Tous les aspects de nos vies sont-elles le fruit du destin et prédéterminés ?*

Absolument pas ! Toutes les décisions que nous prenons sur le plan physique impliquent la liberté de choix et le libre arbitre. C'est la raison pour laquelle nous ne savons jamais exactement ce que nous accomplirons au cours d'une vie, avant d'être retournés dans l'au-delà et de faire le bilan de nos réalisations.

Bien que nous ayons la possibilité de décider du moment et de la manière dont nous mourrons, nos plans peuvent être modifiés et nous pouvons mourir prématurément si nous nous comportons de manière insouciante sur le plan physique.

Par exemple, certains individus décident de se suicider, alors que ce n'était pas leur destin de mourir de la sorte.

Certaines personnes sont assassinées parce qu'elles refusent d'entendre les avertissements de leurs Anges à propos d'un danger imminent.

D'autres choisissent de négliger ou de maltraiter leur corps physique et engendrent des maladies mortelles, alors que rien ne les y prédisposait. ∎

■ *Que se passe-t-il si je commence à évoluer d'un point spirituel en apprenant à pratiquer le channeling et si mon(ma) partenaire stagne ?*

Souvent, au cours de mes séances privées, quand on m'interroge sur les raisons pour lesquelles un couple est susceptible de s'éloigner mutuellement, c'est parce qu'un des deux progresse vers l'illumination, alors que l'autre se satisfait pleinement de sa situation actuelle.

Il est intéressant de noter que lorsque vous commencez à progresser et à développer pleinement votre maturité, votre sagesse et votre conscience supérieure, vous commencez également à résoudre des problèmes, et vous gagnez en énergie qui alimente votre sensation de bonheur, d'accomplissement et de réalisation. Par conséquent, il n'est pas du tout dans votre intérêt de ralentir ou de stopper votre progression, mais vous devez essayer d'inspirer et d'encourager votre partenaire à suivre votre exemple.

Malheureusement, si votre partenaire refuse d'aller de l'avant et de résoudre ses problèmes, ou d'assumer davantage de responsabilités en vue de son évolution spirituelle, il est fort probable que vous vous détachiez de cette relation et que vous recherchiez un(e) nouveau/nouvelle partenaire qui donne la priorité à sa croissance et à son évolution personnelle. ■

■ *Que se passe-t-il quand on ne réalise pas son objectif avec une autre personne ?*

On partage une destinée ou un objectif avec presque toutes les personnes que nous rencontrons au cours de notre vie, afin de remplir une obligation spirituelle ou d'assumer une responsabilité. Avant de renaître dans votre vie présente, vous décidez conjointement dans l'au-delà, de l'objectif commun que vous partagerez avec chacune des personnes rencontrées au cours de votre vie. Il est extrêmement important pour votre croissance et votre évolution spirituelle, d'honorer tous les engagements que vous avez pris avec les autres.

L'engagement spirituel peut impliquer d'aider une autre personne à surmonter un problème émotionnel, de la guider dans le domaine professionnel, ou de l'aider à mieux prendre conscience de ses talents et de ses facultés.

Quel que soit l'objectif que vous avez dans sa vie, en accomplissant tout ce que vous deviez réaliser avec elle, vous réalisez votre objectif spirituel et contribuez à votre évolution spirituelle, vous serez plus heureux et gagnerez en sagesse. Pour découvrir quel est votre objectif précis avec d'autres personnes dans votre vie, interrogez simplement vos Anges et vous recevrez rapidement des informations.

Quand une personne choisit (rappelez-vous que

vous êtes totalement libre de vos choix quotidiens liés à votre comportement et à vos décisions) de ne pas remplir ses obligations spirituelles avec une autre personne, l'autre personne sera obligée de se démener pour trouver quelqu'un d'autre avec qui elle pourra réaliser sa mission spirituelle.

Par exemple, une femme rencontre un homme destiné à être son « partenaire idéal » et avec lequel elle doit se marier et fonder une famille. La relation évolue jusqu'à un certain point, jusqu'à ce que l'homme décide qu'il n'est pas prêt à s'engager dans un mariage, ni à assumer une paternité. Il fait part à sa compagne de sa décision de ne pas honorer son objectif avec elle et le couple se sépare et perd à jamais l'opportunité d'interagir émotionnellement et de construire une vie ensemble. Cette femme qui était heureuse et prête à assumer sa responsabilité spirituelle envers lui, en étant sa femme et la mère de ses enfants, est abandonnée par sa moitié qui avait décidé qu'il ne pouvait honorer ses engagements spirituels envers elle. La mort dans l'âme, elle doit assumer le fardeau déchirant d'une nouvelle quête à la recherche de « l'homme idéal », avec lequel elle partagerait les mêmes engagements spirituels, ce qui représente une position très difficile d'un point de vue spirituel. ■

### ■ *Que se passe-t-il en cas de suicide ?*

Quand notre corps physique meurt, nous nous dirigeons tous directement dans l'au-delà pour entamer de nouvelles existences sur le plan spirituel, en tant qu'êtres célestes.

Cependant, en cas de suicide, nous restons séparés de la majorité de la population pendant un certain temps afin de guérir.

Quand on me demande d'entrer en contact avec des amis ou des membres de la famille décédés qui se sont suicidés, je les « vois » toujours suspendus dans un cocon blanc argenté empli d'une énergie surchargée. Pendant qu'ils sont dans ce cocon, ils ne sont pas disponibles pour le channeling, mais nous pouvons continuer à recevoir des informations sur eux, par l'intermédiaire des Anges ou d'autres amis ou de membres de la famille décédés.

Il est intéressant de noter que lorsque j'accède à des informations sur les vies antérieures pour un client qui a essayé de se suicider ou l'a envisagé, je « vois » souvent cette même personne qui s'est déjà suicidée dans une vie antérieure.

Nos Anges s'inquiètent, car lorsqu'on va jusqu'à commettre l'irréparable qui consiste à mettre fin à notre vie physique, nous pouvons retomber dans le même schéma comportemental dans des vies futures, lorsque nous sommes victimes de dépression ou que nous traversons des épreuves ou des difficultés.

Pour les victimes de suicide, le cocon de lumière

n'a pas pour but de punir, mais représente une intense source de guérison très apaisante, qui recharge et contre les émotions négatives liées au désespoir et vécues avant qu'un individu ne se sente forcé de mettre fin à sa vie physique.

C'est un tel cadeau d'avoir l'opportunité de revenir sur le plan physique pour chaque vie, et l'espace temps dont nous disposons pour accomplir nos objectifs spirituels est si court que l'on considère le suicide comme la pire négation dans l'univers.

Le suicide raccourcit immédiatement l'espace temps, déjà infime, dont nous disposons pour remplir toutes les tâches qui figurent dans notre agenda spirituel. Bien que nous ne soyons jamais punis ou pénalisés dans l'au-delà pour nos actions sur le plan physique, nous rallongeons sans le savoir la liste des missions spirituelles que nous devons accomplir, entraînant encore plus de difficultés pour notre prochaine vie physique. ∎

∎ **Que se passe-t-il quand quelqu'un se suicide et est atteint d'une maladie en phase terminale ?**

Si un malade est atteint d'une maladie en phase terminale et s'il décide de mettre fin à sa vie physique, il retourne dans l'au-delà comme tout le monde, mais il passe beaucoup moins de temps dans le cocon de guérison que les autres victimes de suicide, avant de poursuivre sa vie spirituelle.

■ *Si je demande à mes Anges d'apparaître, le feront-ils ?*

Oui, c'est fort probable. Il suffit que vous leur demandiez d'apparaître devant de manière plus tangible.

Forte de mon expérience personnelle, je vous recommande vivement de bien vous préparer avant de formuler votre requête ! Demandez-leur d'apparaître soit à vos côtés, soit directement devant vous afin de ne pas être surpris ou effrayé.

J'ai rencontré beaucoup de gens qui m'ont exprimé leur volonté et leur enthousiasme à l'idée de voir leurs Anges de manière tangible, et cette question est l'une des plus fréquemment posées au cours de mes séminaires sur le channeling.

Sachez que si vous leur demandez de se manifester de manière tangible, ils ne manqueront pas d'honorer votre demande. J'ai reçu de nombreux appels téléphoniques de clients surpris qui s'exclamèrent « J'ai eu si peur que je me suis presque évanoui ! » ou « Je ne pensai pas qu'ils feraient vraiment ce que je leur avais demandé ! ».

N'oubliez pas que vos Anges travaillent pour vous en coulisse, dans le but de vous aider à réaliser tout ce qui est possible pendant votre séjour sur le plan physique. Si votre requête est raisonnable, ils feront tout ce qui est en leur pouvoir pour accomplir leur tâche. ■

■ *Pourquoi des amis ou des membres de notre famille décédés apparaissent à certaines personnes et non à d'autres ?*

Des amis ou des membres de votre famille décédés peuvent passer du temps avec tous ceux qu'ils ont aimés, mais seules certaines personnes auront le niveau de sensibilité intuitive nécessaire pour percevoir leur énergie céleste.

Plus un individu présentera des blocages émotionnels, plus il aura l'esprit analytique ou plus il sera incrédule, moins il aura de chances de recevoir des informations intuitives des Anges ou de tout autre être céleste.

Plus vous serez capable de pratiquer le channeling, plus vous développerez votre intuition et plus il sera facile pour vous de « ressentir » la présence des personnes décédées que vous avez aimées et de communiquer avec elles. ■

■ *Est-il possible de demander aux Anges des preuves de leur existence ?*

Si vous apprenez à pratiquer le channeling, vous traverserez peut-être une phase de doutes quant à l'existence de vos Anges et la possibilité d'entrer réellement en communication avec eux.

C'est alors que vous souhaiterez peut-être avoir des preuves tangibles de leur existence, afin de vous assurer que la relation que vous développez avec vos Anges n'est pas le fruit de votre imagination.

Il est tout à fait possible de demander à vos Anges qu'ils vous prouvent qu'ils travaillent avec vous et vous aident à établir une relation de confiance. Il est important pour vous de leur adresser toutes les questions que vous jugerez nécessaires, pour accélérer ou renforcer votre aptitude à pratiquer le channeling de manière productive.

Vous pouvez leur demander un signe concret de leur présence, mais sachez que ce sont vos Anges qui décideront du signe qu'ils choisiront de vous envoyer.

Pour prouver leur existence, ne perdez pas votre temps à demander à vos Anges de gagner le gros lot à l'Euro-million ou de rencontrer votre « âme-sœur ». Si ces choses doivent vous arriver, elles arriveront, mais pas nécessairement sur votre demande expresse. Elles se produiront, lorsque vous serez tout à fait prêt.

Vos Anges décideront du signe qu'ils vous enverront pour prouver leur existence, et n'ayez crainte, il sera tangible !

Par exemple, ils peuvent apparaître devant vous comme s'ils avaient un corps physique. Ils peuvent déplacer des objets matériels chez vous ou dans votre bureau. Vous pouvez entendre leur voix vous parler. Un ami ou un parent que vous n'avez pas vu depuis longtemps peut vous appeler et vous saurez que c'est grâce aux informations livrées par vos Anges. Vous allez peut-être avoir un accident et vos Anges vous détournent brusquement de l'autre voiture. Ou vous avez peut-être laissé vos clés dans votre voiture, tout comme moi, et ils pourront éteindre votre alarme, débloquer les portes et chauffer l'habitacle pour vous !

Vos Anges pourront continuer à vous donner des preuves de leur existence de nombreuses manières. J'ai appris que la plus grande preuve pour moi est d'avoir développé ma capacité à communiquer avec eux et par l'attention et l'affection permanente dont ils m'entourent. J'ai appris à écouter leurs suggestions pour améliorer la qualité de ma vie, et quand je suis leurs conseils, je suis toujours surprise de constater à quel point ma vie peut être facilitée et beaucoup plus épanouie. ■

■ *Pourquoi est-ce que je ressens parfois la présence de mes Anges et parfois non ?*
Nous pouvons ressentir une certaine distance avec un ou plusieurs de nos Anges à certains moments, parce qu'ils ont choisi d'œuvrer en coulisse pour vous aider à accéder plus facilement à de meilleures opportunités.

Quand certains Anges décident qu'ils doivent passer quelque temps loin de nous pour une raison ou une autre, j'ai découvert qu'ils nous informent de leur absence, afin que nous comprenions pleinement où ils se trouvent et ce qu'ils font pour nous.

Par ailleurs, quand on développe sa sensibilité à l'égard des Anges, on ne peut ressentir leur présence de manière aussi intense que lorsque vous aurez développé pleinement votre aptitude au channeling.

Si vous avez l'impression d'être abandonné, demandez simplement à vos Anges de vous parler et de vous confirmer qu'ils sont toujours là, à vos côtés. Même si un ou plusieurs de vos Anges peuvent œuvrer en coulisse, soyez certain que d'autres Anges les remplaceront pour travailler avec vous. ■

■ *Dois-je me protéger pendant que je pratique le channeling ?*

Il n'y a aucune raison de croire que vous pourriez attirer une entité malveillante quand vous commencerez à développer votre aptitude au channeling. Quoi que vous ayez pu entendre, il n'y a pas d'esprit malin qui se tapirait dans l'espoir de vous manipuler et de vous mener à la ruine ou à une rupture sentimentale.

Seuls les êtres célestes des niveaux spirituels supérieurs d'illumination sont sanctionnés par l'univers pour travailler en tant qu'Anges gardiens. Ces êtres célestes sont les seuls esprits qui s'adresseront à vous, quand vous poserez des questions pendant le processus de channeling.

Vos Anges gardiens individuels ont été sélectionnés de manière très sélective afin de vous fournir des informations très précises et fiables. Vous pourrez compter sur eux pour vous aider à résoudre des problèmes, à réussir dans votre vie professionnelle, à générer la meilleure qualité possible pour vous et votre famille. ■

■ *Que se passe-t-il quand nous mourons ? Qu'est-ce que cela signifie quand une personne est sur le point de mourir et qu'elle a une vision de quelqu'un d'autre qui est décédé des années plus tôt ?*

Quand notre corps physique meurt, notre âme retourne vers l'au-delà.

Quand une personne vit les dernières étapes de sa mort physique et a du mal à se débarrasser de son enveloppe terrestre, ou si elle a très peur de ce qui l'attend après la mort, la présence d'un ami ou d'un membre de sa famille décédé peut la rassurer et la soutenir.

Nous avons tous un « comité d'accueil » qui nous attend, dont le seul et unique but est de nous aider à nous libérer de notre corps physique et de nous aider à retourner sur le plan spirituel.

De nombreux clients m'ont fait part de récits à propos de membres de leur famille qui commencent soudain à parler à quelqu'un qu'ils sont seuls à pouvoir voir. Les esprits avec lesquels ils communiquent sont une assemblée d'êtres célestes qui comprennent leurs Anges, des amis ou des membres de leur famille décédés, qui les accompagneront tout au long de leur retour dans l'au-delà et qui les aideront à s'habituer le plus rapidement possible au plan spirituel.

Quand le « comité d'accueil » commence à apparaître, la mort physique de la personne est imminente et l'univers lui offre le soutien nécessaire pour faciliter le voyage.

Le voyage du retour vers l'au-delà est unique

pour chaque personne, mais est généralement constitué de plusieurs étapes.

Tout d'abord l'âme sort du corps physique. Quand votre âme quitte son corps physique, le corps meurt généralement quelques secondes, quelques minutes ou quelques heures plus tard. Au moment du départ, votre âme peut flotter au-dessus de votre corps physique pendant quelques instants, tandis que vous communiquez avec votre comité d'accueil, et que vous vous préparez pour votre retour dans l'au-delà.

Puis, il arrive souvent que l'on ressente une extrême sensation de précipitation accompagnée par votre comité d'accueil, puis le passage par un tunnel cylindrique sombre qui mène à une lumière blanche aveuglante. Cette lumière blanche est une représentation de Dieu et de tous les Anges dans l'univers.

Quand votre âme achève sa traversée du tunnel, vous êtes de retour dans l'au-delà et sur le plan spirituel.

En arrivant dans l'au-delà, un large comité d'accueil composé d'amis et de membres de votre famille issus de vos vies antérieures vient à votre rencontre. Ils vous attendent et sont heureux de vous accueillir dans votre nouvelle demeure.

Tout comme sur le plan physique, dans l'au-delà, nous avons la possibilité de construire une nouvelle vie avec des personnes que nous choisissons, et de réaliser le travail que nous apprécions le plus. ∎

### ■ *Qu'est-ce qu'un « échange d'âmes » ?*

Quand nous avons la possibilité de retourner sur le plan physique, nous pouvons le faire dans un ou deux véhicules.

La plupart du temps, l'âme entre dans le corps d'un bébé à sa naissance ou peu de temps après.

L'âme peut également éviter les difficultés de l'enfance et entrer directement dans le corps physique d'un adulte qui a été laissé vacant par une autre âme.

Un corps physique ne peut accueillir qu'une âme à la fois. Pourquoi une âme souhaiterait-elle abandonner son corps physique ? Pour les mêmes raisons qui poussent certains individus à commettre un suicide. La vie avec son lot de problèmes, de défis et d'épreuves, devient beaucoup trop difficile à supporter et ils veulent retourner dans l'au-delà.

Quand une personne a trop de mal à vivre sa vie sur le plan physique, qu'elle n'est plus productive et qu'elle ne semble pas pouvoir regagner une énergie spirituelle dans le futur, l'univers commence à rechercher une âme dans l'au-delà qui serait prête à faire un échange et à retourner sur le plan physique. Cela nécessite cependant certaines conditions préalables.

L'âme qui habite actuellement dans un corps physique doit exprimer un ardent désir de retourner dans l'au-delà, et cela, bien avant la date initialement prévue de sa mort. Cette personne doit exprimer son intention à plusieurs reprises à l'univers et à ses Anges.

L'âme « entrante » doit assumer la tâche difficile qui consiste à résoudre les problèmes actuels de l'autre âme, avant de pouvoir progresser pour honorer son propre emploi du temps spirituel.

L'échange pourra avoir lieu, quand on aura trouvé une autre âme. L'âme qui vit dans un corps physique retourne dans l'au-delà au cours d'un processus qui s'apparente à une mort naturelle, et l'âme « entrante » se glisse dans le corps physique, tout comme elle le ferait dans le corps d'un nouveau-né. ■

### ■ Comment identifier un « échange d'âmes » ?

Un échange d'âmes dans le corps physique d'un adulte est un processus tout aussi naturel dans l'univers qu'une âme qui entre dans le corps d'un nouveau-né.

Quand vous aurez pris conscience de ce processus, il vous sera facile de l'identifier. La personne qui a vécu un échange d'âmes semblera subitement être une personne totalement différente !

L'âme de la personne que vous connaissiez est partie sur le plan spirituel et a quitté ce corps physique pour toujours, comme si elle était morte. La nouvelle âme qui établit sa résidence dans ce corps physique est un véritable étranger pour vous.

La profondeur et l'expression des yeux de la personne vous paraîtront totalement différentes, tout comme ses gestes, sa façon de s'habiller, la façon dont elle s'exprime, le niveau de sa réactivité émotionnelle, ses goûts, ses principes, son sens de l'humour et même la façon dont elle fait sa raie dans ses cheveux.

Fondamentalement, vous ferez la connaissance d'une personne totalement différente, même si elle occupe un corps que vous connaissez très bien. ■

■ *Que faire si l'on découvre qu'un ami ou un membre de notre famille a fait l'objet d'un échange d'âmes ?*

Après avoir constaté l'échange effectif d'âmes, acceptez les faits tels qu'ils sont car c'est dans l'intérêt des deux âmes.

De toute évidence, votre ami ou le membre de votre famille pensait qu'il serait beaucoup plus heureux sur le plan spirituel.

N'oubliez pas qu'à présent, vous avez appris comment entrer en contact avec des êtres célestes, et vous pourrez continuer à vous entretenir avec les personnes décédées que vous avez aimées.

Vous saurez immédiatement s'il convient d'entamer une relation avec cette nouvelle âme, en vous fiant à votre intuition. Si vous hésitez, demandez simplement à vos Anges si vous devez entamer une relation avec cette nouvelle âme, et si vous devez résoudre des problèmes avec elle. ■

### ■ *Comment puis-je renforcer ma sensibilité à la présence de mes Anges ?*

Au cours de mes séminaires de channeling, je recommande un exercice destiné à renforcer la sensibilité à la présence des Anges et qui peut également augmenter l'intuition envers les autres personnes.

Rassemblez un petit groupe d'amis chez vous et demandez-leur de ne pas mettre de parfum ou d'eau de Cologne.

Le premier participant prendra place sur une chaise au milieu de la pièce et fermera ses yeux.

Il est préférable de se réunir dans une pièce où il y a de la moquette, de manière à ne pas pouvoir reconnaître le son d'un pas particulier. S'il n'y a pas de moquette, demandez à tout le monde de se déchausser. Les personnes entreront dans la pièce l'une après l'autre et devront rester immobiles à environ un mètre de la personne qui est assise.

Les yeux fermés, la personne assise devra deviner qui se trouve à côté de la chaise, en utilisant uniquement sa sensibilité intuitive envers l'énergie de l'autre personne. Vous serez surpris de constater à quel point cela peut être amusant et de la vitesse à laquelle vous serez capable d'accroître votre sensibilité à l'énergie spirituelle.

Puis, avec le temps, vous reconnaîtrez facilement l'énergie spirituelle individuelle de vos Anges qui vous entourent, et même avant qu'ils commencent à communiquer avec vous. ■

■ *Comment saurai-je si je communique vraiment avec mes Anges ? Comment faire la différence entre les informations dont je suis à l'origine et celles qui proviennent des informations intuitives livrées par mes Anges ?*

Quand vous parlerez à vos Anges, vous ressentirez sans aucun doute que vous êtes en train de parler à quelqu'un d'autre que vous.

Comment le saurez-vous ? Parce que vos Anges répondront à vos questions avec des réponses qui refléteront leur personnalité individuelle unique.

Quand vous parlerez à vos Anges, ce sera comme si vous vous entreteniez avec un ami au téléphone. Vous appelez votre ami, il répond au téléphone et vous entamez la conversation. Vous ne le voyez pas, et pourtant, vous ne doutez pas de la présence de votre ami au bout de la ligne, et vous ne vous demandez pas si vous êtes en train de vous parler à vous-même. Cela semblerait ridicule, n'est-ce pas ? Plus vous pratiquerez, plus vous vous fierez aux informations intuitives que vous recevrez de vos Anges.

Cependant, si après avoir pratiqué, vous avez toujours des difficultés à distinguer les informations qui proviennent de votre esprit de celles fournies par vos Anges, demandez-leur simplement d'annoncer leur présence de manière formelle avant qu'ils commencent à vous parler. Vos Anges se manifesteront à vous de manière plus « bruyante » et moins subtile et vous les reconnaîtrez rapidement. ■

■ *Comment puis-je aider mon enfant à s'orienter sur le plan spirituel ?*

Apprenez à vos enfants à avoir des croyances spirituelles, que ce soit la conscience de Dieu ou de leurs Anges gardiens. Expliquez-leur comment les Anges leur sont assignés et pourquoi vos enfants devraient continuer à développer leur relation naturelle avec leurs Anges.

Il est très important que vous informiez vos enfants que vous serez toujours prêt à discuter de sujets spirituels avec eux. Si vous riez, rejetez, ignorez ou vous disputez avec eux à propos de ce qu'ils voudraient partager avec vous, ils auront l'impression que vous ne vous intéressez pas à ce qu'ils ont à vous dire et ils ne voudront plus partager d'informations avec vous sur leurs futures rencontres avec les Anges. Par ailleurs, s'ils ne peuvent pas vous faire part de leurs questions et de leurs préoccupations à vous, leurs parents, à qui devraient-il le faire ? Vous voulez être celui ou celle qui a inspiré et encouragé vos enfants à développer leur spiritualité.

Les enfants apprennent par l'exemple. Si vous développez votre aptitude à communiquer avec vos Anges, il est fort probable que vos enfants seront désireux de suivre vos traces. Quand vous aurez réussi à développer votre pratique du channeling, vous n'aurez aucune difficulté à aider vos enfants à communiquer avec leurs Anges.

Demandez à être présenté aux Anges de vos

enfants. Puis parlez à vos enfants de leurs Anges gardiens et faites les présentations. Expliquez à vos enfants que leurs Anges gardiens sont leurs meilleurs amis qui auront toujours quelque chose de spécial à leur dire sur eux-mêmes.

Les enfants sont vraiment uniques, de petits êtres confiants qui incarnent l'honnêteté, l'amour inconditionnel et la philosophie objective de la vie qui est l'essence pure de l'esprit des Anges.

Les Anges entretiennent des relations très particulières avec les enfants car, contrairement aux adultes, les enfants font totalement confiance et acceptent ce que leurs sentiments et leurs perceptions intuitives leur révèlent sur ce qu'ils vivent.

Le niveau de leur acceptation permet aux enfants de développer plus facilement une relation avec leurs Anges, parce qu'ils ne cherchent pas à intellectualiser ce qu'ils ressentent d'un point de vue émotionnel et spirituel.

Quand un Ange apparaît de manière tangible à un enfant, l'enfant accepte l'existence de l'Ange, tout comme il accepterait l'existence d'un autre être humain.

Pour les Anges, il est beaucoup plus facile de communiquer avec les enfants, parce qu'un enfant réagira au channeling en écoutant attentivement et en se fiant à ce qu'il voit, ressent et entend sans discréditer cette rencontre. Quand les enfants mentionnent fortuitement un compagnon de jeu imaginaire, ils décrivent souvent la relation qu'ils partagent avec leurs Anges gardiens.

Outre les fréquentes rencontres avec leurs Anges, les enfants reçoivent fréquemment la visite d'autres êtres célestes tels que les membres de leur famille décédés et de frères et sœurs à naître !

Je fus ravie lorsque je reçus un jour un appel téléphonique d'une cliente qui habitait dans le New-Jersey et à qui on venait d'apprendre qu'elle était enceinte. Elle et son mari avaient déjà un petit garçon de trois ans et elle m'appelait pour me demander mon opinion, en tant qu'amie. Elle voulait savoir s'il était sage d'informer son plus jeune fils de la nouvelle de sa grossesse.

Suite à notre discussion, elle et son mari décidèrent d'attendre un peu avant d'en informer leur fils.

Plusieurs mois plus tard, ma cliente me rappela pour m'informer des dernières nouvelles sur sa famille. Au préalable, elle me demanda avec insistance si j'accepterais de pratiquer le channeling pour demander à ses Anges si elle allait donner naissance à un garçon ou à une fille.

Lorsque je demandai des informations, je « vis » physiquement une petite fille d'environ trois ans, qui disait qu'elle voulait me donner la réponse à la question de ma cliente.

La petite fille me dit qu'elle était l'enfant qui allait voir le jour dans leur famille et qu'elle avait déjà parlé à leur jeune fils, qui allait être son futur frère, pour l'informer de son arrivée et pour entamer leur relation entre frère et sœur.

Ma cliente était stupéfaite et répondit « *Je n'y crois pas* ». Puis elle poursuivit en me parlant de son petit garçon.

Jusqu'à la veille, elle et son mari n'avaient pas informé leur fils de la grossesse et ils pensaient qu'il ne soupçonnait absolument rien. Ce matin-là au petit-déjeuner, le petit garçon mentionna avec désinvolture que sa « petite sœur » lui avait parlé dans sa chambre à coucher à de nombreuses reprises au cours des dernières semaines, et qu'il était impatient qu'elle arrive. La petite fille avait indiqué à son frère la date de son arrivée, qui correspondait presque à la date indiquée par les médecins à ma cliente.

Le petit garçon poursuivit en disant que sa « petite sœur » lui avait dit qu'elle viendrait régulièrement pour le voir et pour parler, la nuit, pour qu'ils apprennent à se connaître et qu'ils puissent jouer ensemble.

Ma cliente et son mari furent très surpris par ce que leur jeune garçon leur avait dit, mais ils ne rejetèrent pas sa rencontre spirituelle. Au contraire, ils se montrèrent ouverts et enthousiastes face à cette expérience. Ils lui demandèrent de reprendre les conversations avec sa sœur à chaque fois que cela se produirait dans le futur.

Ces rencontres nocturnes se poursuivirent entre le petit garçon et sa petite sœur jusqu'à ce que ma cliente donne naissance à une merveilleuse petite fille en bonne santé qui attendait avec impatience de voir son grand frère. ∎

### ∎ *Peut-on utiliser le channeling à des fins inappropriées et mal intentionnées ?*

Tout comme pour toutes les autres facultés et aptitudes, on peut utiliser le channeling à des fins différentes que pour « le bien de tous ».

Je vous conseille de formuler vos requêtes uniquement à des personnes auxquelles vous faites entièrement confiance ou qui vous ont été recommandées. Fiez-vous à votre intuition pour juger de leur crédibilité, de leurs facultés et de leurs intentions.

Il est important de rappeler que la pratique du channeling, avec vos Anges gardiens ou avec d'autres êtres célestes, vise uniquement à vous aider à résoudre vos problèmes, à aiguiser votre conscience et à améliorer la qualité de votre vie et de ceux qui vous entourent.

Si vous utilisez votre faculté à mauvais escient, vous ne la perdrez pas, mais vous ralentirez considérablement votre progression sur la voie de la réalisation de vos objectifs personnels, professionnels et financiers en concentrant et en investissant stupidement votre énergie dans quelque chose qui ne se produira pas dans votre meilleur intérêt. Vous engendrerez beaucoup plus de frustration, de malheur et de mécontentement dans votre vie, si vous vous obligez à attendre beaucoup plus longtemps la réalisation de vos rêves, en raison de votre poursuite d'objectifs financiers immoraux et absurdes.

Si vous ne devez pas gagner à la loterie ou si votre destin n'est pas de faire fortune à Las Vegas, vous ne créerez jamais l'occasion de le faire, même si vous êtes devenu un très bon médium, à moins que votre gain d'argent ne contribue directement à votre évolution spirituelle. ■

■ *Dois-je méditer pour être un bon médium ?*
Absolument pas ! La méditation peut permettre de soulager le stress et les tensions, et elle peut aider certains individus à se concentrer et à retrouver un équilibre émotionnel et spirituel.

Mais la méditation n'est pas indispensable pour développer votre aptitude au channeling, ni pour renforcer ou conserver votre intuition innée.

Je vous recommande de considérer la méditation comme une autre manière de recharger vos batteries, tout comme vous le feriez en allant au cinéma, en vous promenant dans un parc, en mangeant des mets que vous appréciez ou en allant danser. ■

■ *Comment puis-je découvrir le nom de mes Anges et pourquoi m'ont-ils été assignés pour travailler avec moi ?*

Lorsque vous pratiquerez le channeling comme une habitude et que vous aurez développé une communication à double sens avec vos Anges, demandez-leur tout simplement ! Ils se présenteront volontiers et vous expliqueront exactement pourquoi ils travaillent avec vous et ce qu'ils espèrent vous aider à accomplir. ∎

∎ *Y a-t-il des difficultés à éviter quand on pratique le channeling pour quelqu'un d'autre ?*
Quand j'ai commencé à pratiquer le channeling pour d'autres personnes, je ne me doutais absolument pas de ce qui pouvait m'attendre.

Dès le départ, je savais que je n'avais pas à me soucier de me protéger contre d'éventuels esprits bizarres ou malveillants, parce que mes Anges m'avaient dit que de telles entités n'étaient pas autorisées à communiquer ou à transmettre des informations pendant le processus du channeling.

Mais ce que mes Anges avaient oublié de me dire, c'est que je devais me protéger de l'énergie physique de mes clients pendant le processus de channeling !

Si je réalisais une séance de channeling pour un client qui avait des douleurs abdominales, je commençais à ressentir des douleurs abdominales. Si je pratiquais le channeling pour une personne qui avait des nausées, je commençais à ressentir ses nausées. Ce n'est qu'à la suite d'une séance de channeling pour une personne qui souffrait de terribles migraines, que je compris soudain que je devais me protéger rapidement pour ne pas absorber l'énergie physique de mes clients. J'appris rapidement à établir un bouclier invisible entre le patient et moi, afin d'éviter d'absorber intuitivement ses maladies physiques. Je vous recommande vivement de faire de même.

En d'autres termes, avant de commencer à pratiquer le channeling, visualisez un bouclier ou un cocon de lumière blanche entre vous et la personne pour laquelle vous réalisez le channeling. Par ailleurs, demandez à vos Anges de vous protéger, afin d'éviter que vous absorbiez l'énergie physique d'une autre personne et ainsi vous n'aurez aucun problème. ■

# TABLE DES MATIERES

Remerciements ..................................................... 5

Chapitre 1 :
Première rencontre
avec mes Anges Gardiens ................................. 9

Chapitre 2 :
Nos compagnons, les Anges Gardiens ............. 23

Chapitre 3 :
Que peut-on attendre du « Channeling » ? ....... 39

Chapitre 4 :
La technique pas à pas ..................................... 51

Chapitre 5 :
Développer vos facultés de communion ........... 91

Chapitre 6 :
Développer la Conscience de Soi ................... 119

Chapitre 7 :
La découverte de
votre histoire personnelle ................................ 145

Chapitre 8 :
Se construire une Belle Vie ............................. 177

Chapitre 9 :
C'est Parti ! ..................................................... 207

Chapitre 10 :
Questions et réponses .................................... 249

Achevé d'imprimer en novembre 2011
sur les presses de la Nouvelle Imprimerie Laballery
58500 Clamecy
Dépôt légal : novembre 2011
Numéro d'impression : 110305

*Imprimé en France*

La Nouvelle Imprimerie Laballery est titulaire de la marque Imprim'Vert®